해체론

차례

Contents

몇 가지 에피소드

에피소드 1 : 레스토랑의 웨이터

레스토랑에서 그럴듯한 식사가 끝났다. 웨이터가 다가와 묻는다. "후식으로 커피와 차가 있습니다. 무엇을 드시겠습니까?" 이 말에 손님은 이렇게 대답한다. "아무거나 괜찮습니다." 물론 이 말은 언급된 두 가지 중에서는 어느 것이든 개의치 않고 마시겠다는 말이다. 이 말을 '커피와 차'라는 선택을 넘어 무엇이든 괜찮다는 뜻으로 받아들일 수는 없을 것이다. 이 말을 "마실 것이 필요치 않습니다."라는 뜻으로까지 해석한다면 참으로 비논리적이라고 생각하게 된다. 만약 이렇게 해석한다면 웨이터가 손님에게 두 가지 가운데 하나를 택하도록 한 상황, 즉 제한된 선택 자체를 염두에 두지 않은 것이다. 우리에게 익숙한 것은 대화 관계 속에서, 이 에피소드의 경우 웨이터의 이러한 제안과 선택이라는 구도 안에서 생활하는 것이다.

우리의 삶은 주어진 조건 속에서 하나를 택하도록 되어 있다. 그 선택은 많은 경우 이거냐 저거냐, 옳으냐 그르냐 등 둘 중 하나, 소위 이분법적으로 주어진다. 물론 선택의 폭이 복수적일 수도 있다. 대형 마트에는 수많은 상품이 진열되어 있다. 거기엔 더 이상의 다른 상품이 없을 정도로 다양한 상품이, 한 품목에도 상표가 다른 여러 가지 제품들이 있다. 일단 마트에 들어서면 다른 제품은 더 이상 생각하지도 않고 상상하지도 않게 된다. 하지만 마트가 우리의 삶에 작용하는 방식 가운데 하나는 소비자들에게 바로 그 안에 모든 것이 완벽하게 진열되어 있다는 환상을 주는 것이다. 마트에 없으면 다른 곳에도 없다는 환상이 그것이다.

우리는 이렇게 선택의 범위가 이미 설정된 삶의 방식을 거부할 수 있을까? 혹시 우리의 의식 작용 자체가 이러한 이분법적인 구도 속에서만 작용하는 것은 아닐까? 마치 컴퓨터의 모든 기능이 근본적으로는 불이 들어오고(1) 나가는(0) 이진법적 구도에 기반하고 있듯이 말이다.

해체주의는 이렇게 이미 주어진 선택과 조건이 갖는 의미에 대해 곰곰이 생각하고, 이러한 사유와 삶에서 벗어나고자 하는 것이다. 그것은 가능한 일일까? 어떻게 가능한 것이고, 어떤 방향으로 시도될 수 있는 것일까?

에피소드 2 : 햄릿

햄릿의 아버지의 이름은 무엇인가? 어려운 질문처럼 들리지만 답은 간단하다. 그는 햄릿 경(Sir Hamlet)이다. 하지만 선왕 햄릿은 이미 죽은 몸이다. 아들 햄릿은 죽은 선왕의 유령을 만나 대화를 나눈다. 그리고 그간 의심쩍게 생각한 바와 같이 선왕이 억울하게 죽었다는 것을 알게 되고, 게다가 선왕은 복수까지 부탁한다. 불멸의 고전 가운데 하나인 작품으로서의 『햄릿』, 그리고 수많은 생각 끝에 행동한다 하여 돈키호테와 가장 대조되는 비극적 주인공인 '햄릿', 이 둘은 모두 '유령'에게서 힘을 받고 그 유령의 말에 의해 움직이는 것을 알 수 있다. 어쩌면 사상누각(沙上樓閣)인 것이다. 이미 존재하지 않는 자가 존재하는 자를 움직인다. 부재(不在)가 존재(存在)를 움직이고 있다. 하기야 우리에게 유령은 많다. 마르크스와 엥겔스는 1848년 『공산당 선언』을 "하나의 유령이 유럽을 떠돌고 있다 - 공산주의라는 유령이."로 시작하고 있다. 추상적 수준의 공산주의를 한층 실천적인 운동으로 가져가야 한다는 주장을 하기 위한 서두이다. 고전에 능통한 마르크스가 『햄릿』의 여운을 여기에 담고 있는 것이다.

그러면 우리의 삶과 세상이 유령에 의해 홀린 것이란 말인가? '흥타령'에서 세상사는 모두 꿈이다:

꿈이로다 꿈이로다 모두가 다 꿈이로다
너도 나도 꿈속이요 이것 저것이 꿈이로다
꿈 깨이니 또 꿈이요 깨인 꿈도 꿈이로다
꿈에 나서 꿈에 살고 꿈에 죽어가는 인생
부질없다 깨려는 꿈, 꿈은 꾸어서 무엇을 헐그나

우리의 삶을 지탱하는 것이 꿈이라는 말이다. 그러고 보면 우리말이나 영어(dream)에서나 '꿈'이 허망한 것이기도 하지만 희망을 의미하기도 하는 것은 우연이 아닐 것 같다. 허망함과 현실 그리고 미래는 여기에서 구별이 없어지고 만다. 구별이 없어지면서, 없는 것이 있는 것을 조정하고 실현해 나가도록 한다. 소위 '부재하는' 원리가 삶과 세상의 원리임을 알게된다.

에피소드 3 : 해체시

지금, 하늘에 계시지 않은 우리 아버지 이름을 거룩하게
하옵시며,
아버지의 나라이 말씀이 아니시며, 뜻이 하늘에서 이룬 것
같이, 그러나 땅에서는 아직도 이루어지지 않았나이다
오늘날 우리에게 일용할 거시기는 단 한 방울도 내려 주시
지 않으셨으며
우리가 우리에게 죄 짓고 있는 자들을 모르는 척하고 있듯
이 우리의 모르는 척하는 죄를 눈감아 주옵시고,
우리가 우리 스스로의 힘으로 일어설 수 있을 때까지는 몇
만 년이라도 우리의 시험이 계속되게 하여 주시고
다만 어느날 우연히 악에서 구하려 들지는 말아 주시옵소서

대개 나라와 권세와 영광이 아버지께 영원히 있다고 말해
지고 있사옵니다, 언제나 출타중이신 아버지시여
아멘

—「주기도문」, 박남철

이제는 우리에게 낯설지만은 않은 패러디 물이다. 패러디
란 주어진 대상을 삐딱하게 보면서 비아냥거리는 것이다. 삐

딱하게 보는 만큼 그것은 대상의 많은 부분을 그냥 살려두면서 중요한 부분은 또 다르게 변색한 것이다. 여기에서 시인 박남철은 우리가 아는 주기도문의 흐름을 타면서도 중요한 어휘들을 바꾸는 방식으로 자신의 의미를 만들어 낸다. 간단히 말하자면 박남철은 전통적인 '주기도문'의 내용을 일정 부분 해체하고 있는 것이다.

앞에서 우리는 이 시를 패러디라 했고 또 해체라 했다. 그렇다면 패러디는 곧 해체를 말하는 것일까? 패러디는 해체의 한 과정을 잘 보여주지만 그 자체로 해체는 아니다. 이는 패러디라는 개념을 넘어 해체라는 개념으로 접근할 때 당면하는 이해의 어려움과 해체 작업 자체의 어려움을 동시에 말해준다. 해체는 패러디 수준을 넘는 대상의 해체이다. 그러나 '넘'는다는 것은 어떻든 대상을 딛고 넘어서는 것을 말한다. 그래서 대상을 딛고 넘어서는 패러디가 그 하나의 과정일 수 있다는 것이다. 동시에 대상을 해체하는 이러한 과정 속에서 해체가 다른 원칙에 기대지 않고 행해질 수 있느냐가 관건이 된다.

박남철의 '주기도문'의 경우 전통적 '주기도문'을 형식적 흐름에서 취하면서 내용에서는 이에 반발한다. 이런 과정 속에서 원래의 '주기도문'에 대해 적나라한 비판을 하고 있는듯하지만 과연 이를 통해 '주기도문'이 완전히 해체된 것일까? 어떻든 이러한 패러디에서도 불구하고 원래의 '주기도문'은 한층 견고한 정전(正典)으로 남아있고, 박남철의 것은 외전(外典)으로 남아있는 것이 아닐까? 이것은 더 논의되어야 할 사항임에 분명하다.

이 시에서 해체론적 특징으로 지적할 사항이 두 가지 더 있다. 첫째는 아버지로 대변되는 신의 권위에 대한 의심과 도전이다. 그것은 진리이고 참이라고 믿어지는 것, 법에 대한 도전이다. 그것은 또 진리와 참 그리고 법이 힘에 의한 것이고, 그것이 현실적 효용성이 있다면 단지 '우리'만을 향하고 있다는 주장을 담고 있다. 따라서 이것은 더 나아가 진리에도 '우리'가 있고 '그들'이 있다는 것, 즉 '우리의 진리'와 '그들의 진리'가 있다는 논리도 내비치고 있다. 둘째, 이 시에는 아버지의 권위가 드러나고 우리에게 감지되는 방식 또한 언급되어 있다. 아버지의 권위는 "이름과 말씀"을 통해서 드러나며, 그것은 "권세와 영광이 아버지께 영원히 있다고 말해지고" 있는 것을 통해 우리에게 감지된다. 그 권위는, 그리고 그 진리는 그 자체로 있는 것이 아니라 말을 통해서이다. 여기에서의 말이란 책 혹은 담론이라는 것이다. 팔조금법이든 십계명이든 권위가 있는 법은 모두 결국에는 체계적 말로 되어 있다. 우리가 꼭 지켜야 할 것으로서의 법뿐만 아니라, 우리가 자연스럽게 체득하는 모든 문화적 분위기들 또한 여기에 해당한다. 그것은 보이지 않으면서 우리의 삶에 관여하는 공기와 같다. 아니 항상 없는 것으로 있다. 아버지는 "언제나 출타중"이신 것으로 계시다. 이러한 논리 속에 이 시는 이렇게만 계시는 신에 대해 원망하면서, 동시에 이렇게만 계시게 하는 혼란스런 현실에 대해 우리 자신이 책임을 통감해야 한다는 두 가지 메시지를 동시에 담아내고 있다.

또 한 편의 기발한 시를 보자.

내가 단추를 눌러주기 전에는
그는 다만
하나의 라디오에 지나지 않았다.

내가 그의 단추를 눌러주었을 때
그는 나에게로 와서
전파가 되었다.

내가 그의 단추를 눌러준 것처럼
누가 와서 나의
굳어 버린 핏줄기와 황량한 가슴속 버튼을 눌러다오.
그에게로 가서 나도
그의 전파가 되고 싶다.

우리들은 모두

사랑이 되고 싶다.

끄고 싶을 때 끄고 켜고 싶을 때 켤 수 있는

라디오가 되고 싶다.

-「라디오와 같이 사랑을 끄고 켤 수 있다면」, 장정일

이 시는 우리가 익히 알고 있는 김춘수의 시를 '변주'한 것
이다. 김춘수의 「꽃」은 "내가 그의 이름을 불러주기 전에는/
그는 다만/ 하나의 몸짓에 지나지 않았다."로 시작한다. 서로
가 서로에게 단순한 물자체로 있는 상태를 넘어설 수 있는
것은 상대를 향한 관심과 호명에 의한 관계 맺기를 통해서이
다. 이러한 관계 맺기 속에서 개인은 하나의 주체로서 한층
밀도 있는 자아를 형성해 나가게 된다. 사람은 단지 한 개체
로 자신을 인식하고 형성하는 것보다는, 다른 사물과 사람들
과 관계하는 가운데 자신을 더욱 선명하게 인식하고 가꾸어
나간다. 우리가 몸 매무새를 가다듬을 때는 거울을 본다. 거
울 바깥의 나와 거울 속의 내가 비교되는 과정인 것이다. 더
나아가 우리가 거울을 보고 나를 가다듬는 것은 상당부분
다른 사람의 눈이 나를 평가하는 과정을 미리 밟고 있는 것
이다. 김춘수의 시는 이러한 관계맺음이 얼마나 중요한가에

주목하면서, 특히 이러한 관계가 사랑과 애정을 포함하는 것일 때 우리가 삶의 의미를 생성해 내는 모습을 관찰하고 있다.

이러한 존재론적인 명상에 대해, 장정일의 시는 그것이 너무나 '심각한' 명상이라 받아들이고 있다. 너무나 무겁다는 것이다. 장정일의 시는 존재론과 관계론의 무거움에서 벗어나려는 유희가 번뜩인다. 하지만 장정일은 이러한 평가에 대해 반론을 제기할 수도 있다. 그것은 김춘수의 '관계'적 상황이 반드시 '꽃'과 같은 존재를 통해서만 노래되고 이해되어야 하는가 하는 매우 근본적인, 그래서 급진적인 질문을 포함하고 있다. 오늘날의 삶은 꽃보다는 오히려 라디오와 버튼으로 더 잘 이해되는 것이 아닌가? 이런 점에서 장정일의 시는 이제는 점잖은 식상함으로 변해버린 김춘수의 「꽃」을 우리 시대의 삶에 맞춰 노래하는 솔직함을 담고 있다고 평가될 수 있어야 한다. 이렇게 너무나 솔직한, 아니 과격한 것 때문일까? 일각에서는 이 시가 시로서의 진지성이 없는 '요설(饒舌)'이라고 혹평하기도 한다. 하지만 이 시는 요설이기보다는 어느 정도 해체적이라 해야 정당할 것이다.

장정일의 이 시가 해체적이라면 어떤 점에서 그런 것일까? 이 시는 김춘수의 시가 시일 수 있는 순간을 포착하여 지적하고 있다는 점에서 가장 해체적이라고 평가해야 한다. 시가 시의 원리를 '해체'하고 있는 것이다. 시가 시일 수 있는 것은, 즉 여타 논리나 주장의 형식과는 달리 시가 갖는 가장 고유한 특징 가운데 하나는 주장의 내용보다는 그 은유적 표현에 있다고 생각되어 왔다. 인간이 사물이나 다른 인간과 갖게 되는 관계의 의의는 이 시에서만이 아니라 이전의 다양한 사색에서 이미 수없이 설명되어 왔다. 이런 점에서 김춘수 시의 가장 큰 장점은 미세한 상황, 여기서는 꽃이라는 일상의 소재를 채택해 삶의 근본적 원리 가운데 하나를 깨닫게 하는 것이다. 이러한 깨달음의 방식으로 인해 우리는 쉽게 시인의 깨달음에 동참한다. 깨달음이 주입되거나 강요되지 않고 스스로 형성될 수 있는 과정을 마련해주고 있는 것이다. 그러므로 시의 본령은 표현에 있다. 장정일은 이러한 깨달음을 우리 시대의 환경 속에서 얻어낼 수 있도록 새로운 소재를 택하고 있다. 시의 원리를 너무나 적나라하게 해부하고 해체하여 분명히 보여주고 있다.

그런데 중요한 점은 이러한 해체가 순환적이라는 것이다. 순환적이라 할 수 있는 것은, 이러한 해체를 통해 우리가 어떻든 시라고 인정할 수밖에 없는 것이 새롭게 생성되기 때문이다. 이 시는 시의 원리를 적나라하게 밝힘으로써, 이제까지는 감추거나 은연중에 드러나게만 함으로써 발휘되었던 시적 권위를 가볍게 들춰냄으로써 독자에게 다가간다. 이제까지의 시의 권위를 해체하고 있는 것이다. 그렇다고 하여 이 시가 시에 대한 시는 아니다. 이 시는 오늘의 사랑을 노래하고 있다. 그것은 오늘에 맞는 사랑, 라디오를 켜듯 사랑이 다가올 수 있기를 바라는 마음을 담고 있다. 경박해 보일 수도 있지만, 어떻든 절박한 마음을 오늘의 은유를 사용하여 표현하고 있는 것이다.

이 시의 움직임은 여기서 끝나지 않는다. 그것은 사랑에 대한 절박한 마음을 담고 있는 한편으로, 약간은 비켜서서 이러한 절박한 마음 자체에 거리를 두고자 하는 마음 또한 담고 있음을 느낄 수 있기 때문이다. 소위 패러디라는 기법으로 원작의 표현이나 문체 그리고 그 내용을 자기 작품에 차용하면서, 동시에 그로부터 비판적 거리를 두고 풍자하는 방식이다. 풍자의 대상은 표현이나 문체에 머물지 않고 그 내용 또한 포함한다. 이 시에서는 사랑을 향한 순수한 욕망과 함께, 그렇게 진지한 사랑에 대한 욕망 역시 가벼운 것일 수 있다는 경고 또한 감지할 수 있다. 이런 점에서 이 시는 담고 있는 의미에 있어 지속적 움직임이 있고, 그 움직임은 선적이기보다는 원형적이다. 그리고 또 이런 점에서 이 시는 완성적이며 동시에 해체적인 움직임을 계속한다. 여기에서 완성적인 것과 해체적인 것은 구별되지 않는다. 또 이런 점에서 완성적인 것은 완성적인 것으로만 머물지 않으며, 해체적인 것은 해체적인 것으로만 머물지 않는다고 할 수 있다.

다시 설명하자면, '해체'라는 말은 해체의 개념과 활동을 진정으로 대변하고 있지 못하다. 이런 점에서 "해체론이란 이런 것이다."라는 설명 또한 한계를 가질 수밖에 없다. 앞에서 우리는 해체론을 설명하고자 해체시 등 몇 가지 경우를 예로 동원하였다. 하지만 해체론의 진정한 목소리는 이러한 예들이 하나의 은유 내지는 예시에 머물기를 요구할 수 있다. 해체론은 지속적인 의지와 약속의 형식을 갖는다고 할 수 있기 때문이다. 해체론의 운동성은 그 모습이 불현듯 구현된 것으로 보이는 다양한 예들이 일반화되기보다는 단 한 번의 고유한 경우, 즉 해체론의 한 측면 내지는 한 순간으로 여겨지기를 원한다. 이런 점에서 해체론에 대한 앞으로의 설명 또한 정답이기보다는 하나의 은유이자 한 측면이라는 사실이 감안되어야 할 것이다.

해체론의 계보

　해체론을 설명하는 방법은 여러 가지가 있다. 멀리 고대 그리스 철학사에 있어 소크라테스와 플라톤의 정연한 논리에 반론을 제기했던 소피스트들에게로 거슬러 올라갈 수도 있고, 가장 가까이는 독일이나 프랑스 현대 철학, 가령 니체, 후설, 하이데거, 그리고 레비나스 등으로부터 설명해 나갈 수도 있을 것이다. 이들 철학의 다양성은 한마디로 설명해 낼 수 없다. 이들은 각각 큰 줄기를 형성하고 있어 각자 나름의 큰 분파를 형성하고 있기 때문이다. 니체(Friedrich Wilhelm Nietzsche, 1844~1900)는 흔히 생철학의 시조로 불리기도 하는데 그것은 기독교 중심의 일원론적 진리관에서 완전히 탈

피한 인간중심의 철학을 주창하였다. 후설(Edmund Husserl, 1859~1938)은 현상학의 시조로 자연과학적 합리성만이 인간 삶의 모든 원리가 될 수 없으며 인간은 오히려 일상계 즉 현상계의 존재임을 재확인하고자 하였다.

현상학과 실존주의에 걸쳐 있는 하이데거(Martin Heidegger, 1889~1976)는 존재의 철학을 일면 인간학으로의 일진보로 보면서도 동시에 이러한 지향의 한계를 말하고 있다. 그는 인간을 철저히 세계 속의 존재로 규정한다. 한편으로 인간은 자신의 세계 즉 환경 속에 위치하면서도, 다른 한편으로 다른 동물과 달리 인간의 세계 이해는 매우 넓고 깊은 의미를 갖는다. 그것은 인간이 이해를 통해 한층 적극적으로 세계를 형성해 나가는 존재라는 것이다. 인간은 주어진 세계에 일단 내던져진 존재이지만, 시간이 경과함에 따라 이러한 세계를 자신의 품 안에 받아들이고 나름의 이해를 통해 자신만의 세계 지평을 갖는다.

물론 어느 정도는 동물도 그렇지 않을까? 탄자니아 국립공원의 사자나 서울대공원의 사자도 나름의 세계 이해를 갖고 있지 않을까? 하지만 하이데거는 인간의 세계 이해와 자기 이해는 동물적 차원을 넘어선다고 주장한다.

우선, 인간은 단순한 존재자를 넘어 자신의 존재성을 의식하고 실감하고 있는 존재자이다. 즉 자신이 존재한다는 것을 생각할 수 있는 존재, 존재감을 갖는 존재이다. 하이데거가 존재자와 존재성을 구별해 낸 점은 서양 철학사에 있어 가장 획기적인 전환점으로 꼽힌다. 인간이 이렇게 존재감을 갖는 것은 스스로가 죽는다는 사실을 인식하고 있기 때문으로 설명된다. 인간은 태어나고 죽는 시간적 과정 가운데 있다. 엄격하게 말하자면 시간의 경과 속에 사건으로 발생하고 있는 것이 우리의 삶이다. 이런 점이 그의 주저 『존재와 시간』의 제목을 형성하고 있다. 요약 평가하자면, 인간은 세계를 스스로 만들어 가는 적극적 측면과 시간 속에 되어져 가는 피동적 측면 모두를 갖는다. 이런 점에서 하이데거의 철학은 비인간적 측면과 인간적 측면이 교차하는 지점에 있다. 좀 더 정확하게 말하자면, 세계라는 냉혹한 환경 속에서 인간의 삶과 의식을 고양하는 방법을 어렵게 궁구하고 있다고 할 수 있다.

프랑스의 철학자 레비나스(Emmanuel Lévinas, 1906~1995)는 앞서 언급한 세 철학자들에 비해 덜 알려져 있다. 가장 중요한 해체 철학자 데리다(Jacques Derrida, 1930~2004)의 철학적 계보를 찾는다면, 레비나스에서 하이데거로 그리고 후설로 거슬러 올라가는 것이 가장 일반적이라 할 수 있다. 1995년 타계한 레비나스는 데리다의 바로 전 세대이다. 레비나스의 철학은 흔히 '타자(他者)의 윤리학'으로 불린다. 후설과 데리다 그리고 레비나스 모두 유대인 가계에서 태어났는데, 이들 가운데 레비나스는 가장 유대적인 특성이 잘 드러나는 철학자이다. 레비나스의 철학은 후설과 하이데거에서 더 나아가, 다른 개인들에게 둘러싸인 개인에 대해 논의한다. 후설의 생활세계와 하이데거의 세계 지평이 지칭하는 대상은 인간을 둘러싼 생활환경이 주를 이룬다. 후설과 하이데거의 철학에서 개인을 논하는 경우 개인과 대상 세계와의 관계가 주를 이루며, 정작 다른 개인 즉 타자와의 관계는 고려되지 않고 있다. 그러나 레비나스는 개인이 다른 개인과 맺는 관계가 철학의 중심으로 재정립되어야 한다고 주장한다. 그리고 이러한 타자는 다른 개인에서 인류 전체로 그리고 추상적 차원의 신이라는 타자로 연결되고 확대되어 나간다. 또 이러한 연결은 단순히 논리적이거나 관계적인 것이 아니라 윤리적인 관계로 설명된다. 레비나스의 철학은 개인이 가장 궁극적 타자로서의 신과 맺고 있는 윤리적 관계를 논리적으로 설명하는 데 집중되어 있다.

레비나스의 이러한 철학은 너무나 종교적인 것으로 여겨질 수 있다. 하지만 우리가 그의 철학을 약간은 세속적으로 번역하여 이해한다면, 그가 지향하는 바를 상당 부분 수긍할 수 있다. 레비나스가 설정하고 있는 타자는 우리가 범접할 수 없고 알 수도 없는 타자이다. 문자 그대로의 '타자'이기 때문이다. 이것은 나와는 분명 다른 타자를 함부로 나와 동일시하지 않는 것을 말한다. 그것은 타자를 타자로서 존중하는 것을 말한다. 다른 사람을 다른 사람으로, 나만큼이나 개별적이고 소중한 사람으로 인정하는 것을 말한다. (가령, 남녀 간의 사랑이 가능한 것은 남자와 여자가 상대방에게 느끼는 절대적 차이가 있기 때문이다.) 이전의 철학에서와 같이 사람을 단지 사물이나 개인을 둘러싼 환경으로 여기는 방식을 시정해야 한다는 것이다. 시간적 관점에서 볼 때에도 인간은 자신의 미래를 예측할 수 없는 순수 미래, 즉 순수 타자에게 열려 있는 존재로 남아 있어야 한다. 여기에서 우리는 레비나스의 주저인 『시간과 타자』 『윤리와 무한』 그리고 『전체와 무한』의 논지를 가늠할 수 있다.

이런 점에서 레비나스의 방식 역시 매우 비인간적인 수준에서, 즉 신 혹은 타자로서의 타자를 인정하면서 나의 인간적 위상을 고양시키고자 한다. 여기에서 인간적 위상의 고양은 진화론적 발달단계 즉 과학적 논리에 의해서만이 아니라, 인간이 자기와 타자에 대한 의식 속에 스스로에게 부여한 비과학적인 차원 즉 윤리적 차원을 자각하고 실천하는 과정에서 이루어진다.

이와 같이 서양 현대철학의 가장 중요한 흐름 가운데 하나인 후설에서 레비나스에 이르는 흐름은 '비판적 인간학'이라 이름할 수 있을 것이다. 그리고 이러한 기조는 해체론의 철학을 설명할 수 있는 유용한 방식 중 하나가 될 것이다. 여기에서 '비판적'이란 인간적 현상과 여타 비인간적 현상 모두에 대해 비판적 시각을 견지하면서 매우 복합적이고 유보적인 조건 속에 조심스럽게 인간의 삶을 열린 세계로 펼쳐내고자 한다. 이런 점에서 현대 철학의 '비판적 시각'은 우선 인간의 삶이 처한 상황에 대해 비판적으로 검토하는 것으로, 이후 인본주의적 시각 자체가 갖는 모순과 한계를 재점검하고자 하는 것으로 향해 왔다.

'비판적 인간학'이라 할 때 비판, 특히 현대적 상황에 대한 비판에 역점을 두는 경우는 이미 지난 세기 초 '비판철학'이 있어 약간의 설명을 필요로 한다. 철학의 주요 방법이 비판이었던 것은 더 이상의 설명이 필요 없다. 하지만 특히 이러한 비판적 방법론과 과정을 중요시한 한 분파가 현대 철학의 중요한 위치를 점하고 있다. 프랑크푸르트학파라 불리는 이들의 철학은 보통 비판철학이라 불린다. 이들의 '비판'은 현대 사회를 향해 있으면서도 그 정신은 이성의 올바른 사용에 두고 있다. 비판철학은 이성의 두 가지 기능에 주목한다. 그 하나는 도구적 기능이고, 다른 하나는 비판적 기능이다. 어떤 지역에 댐을 짓는다고 할 경우, 댐을 어떻게 가장 효율적으로 지을 것인가를 결정하기 위해 우리가 사용하는 이성적 능력이 도구적 이성라고 할 수 있다. 반면 이 댐이 과연 필요한 것일까를 결정을 하게 된 최초 시점으로 되돌아가 비판적으로 생각해 볼 필요도 있는데, 이러한 질문의 제기는 비판적 이성의 작용이다. 프랑크푸르트학파는 현대 사회에서 도구적 이성이 극대화 된 반면, 비판적 이성은 비능률적인 것으로 치부되면서 점차 도외시되고 있으며, 이러한 상황이 현대 사회에서 여러 문제를 낳았다고 진단한다.

프랑크푸르트학파는 나치즘을 비판적 이성의 마비에 의해 야기된 대표적 문제로 여긴다. 학파의 주요 이론가들이 나치즘을 피해 미국으로 망명할 수밖에 없는 상황이 되었고, 많은 이들이 미국의 대도시에 정착하였다. 하지만 이들이 겪게 된 미국 역시 거의 유사한 문제점을 안고 있는 것으로 보였다. 나치즘이 정치적 전체주의라면, 고도로 발달한 자본주의 역시 다양성보다는 획일성을 낳는 사회·문화적 전체주의에 해당하는 것으로 보였다. 이런 상황에 직면하여 이들은 전체주의적 순응주의에 대항할 수 있는 비판적 이성의 부활을 강조하였다.

그렇다면 이러한 비판이론과 '비판적 인간학'으로서의 해체론은 어떤 관계에 있는 것일까? 비판이론이 도구적 이성의 일방적 독주와 득세를 비판하고 있다면, 해체론은 이성 일반에 대한 반성을 촉구하고 있다. 이성의 일정 부분에 대한 재점검만이 아니라, 이성 전체에 대한 우리의 지나친 신뢰를 반성할 필요가 있다는 것이다. 해체론에 대한 가장 극단적인 비판자들이 현대판 소피스트들 혹은 회의론자들이라는 용어를 동원하는 이유가 여기에 있다. 해체론자들로서는 이성을 포함하여 모든 것들—이제까지 권위를 부여받아 온 모든 공식들은 근본적으로 그리고 지속적으로 비판해야 할 대상이다.

이성에 대한 이러한 비판적 자세는 소피스트적이기보다는 오히려 칸트적이라 할 수 있다. 칸트의 세 대작 『순수이성비판』 『실천이성비판』 그리고 『판단력 비판』은 이성의 세 가지 영역, 즉 진·선·미에 대한 이성적 인식을 '비판'적으로 고려함으로써 그 능력을 규정하고자 한 의미에서의 '비판'이라고 할 수 있다. 그럼에도 칸트의 세 저작은 이성의 한계를 설정하는 것을 기반으로 하여 이성의 구조와 능력을 밝히는 것에 전념하였다. 해체론은 이러한 칸트의 이성에 대한 작업에서 더 나아가 오히려 이성의 능력과 권위에 대한 비판적 검토를 멈추지 않으려 한다.

'비판적 인간학'이라는 측면에서 해체론이 '인간학'으로 불릴 수 있는 논리를 살펴볼 필요도 있다. 비록 '비판적'이라는 한정사가 붙어 있지만 해체론은 어떤 의미에서 '인간학'인가? 해체론을 인간학, 특히 인간적 학문으로 정의하는 것에 의아해 할 수도 있다. 해체론은 그야말로 모든 것의 해체를 말하며, 여기에는 인간적 주체마저도 포함된다는 설명에서와 달리, 해체론을 인간학으로 규정하는 것은 납득하기 쉽지 않을 것이다.

해체론의 '해체'는 불어의 '데콩스트뤽시옹(Déconstruction)'을 번역한 것이다. 불어의 '데콩스트뤽시옹'은 단지 '해체'만이 아니라 해체 이후의 어떤 재구성과 창조적 차원의 의미 또한 가지고 있고, 해체론에서 이러한 함의는 더욱 짙어진다. 그래서 해체론은 '탈구축'이나 '해체구성'으로 불려야 한다는 제안이 있어 왔다. 이러한 제안에 타당성이 있는 것은 데리다의 '데콩스트뤽시옹'이 가장 직접적으로는 하이데거가 철학적 방법론 가운데 하나로 언급한 개념과 연관되어 있기 때문이다. 하이데거(Basic Problems of Phenomenology, 1927)는 철학 특히 현상학의 방법론으로 환원(reduction), 구축(construction), 파괴(destruction)를 거론하였다. 그는 이 세 개의 방식은 독립적이기보다는 상호 연관되어 있다고 설명한다. 가령 construction과 destruction은 동전의 양면과 같이 연결되어 있다. 이런 점에서 하이데거는 이 과정을 'Abbau(unbuild 혹은 deconstruction)'라 부를 수 있다고 말한다. 이것은 마치 기계를 분해해서 다시 조립하는 과정이나, 한 언어의 텍스트를 다른 언어의 텍스트로 번역하는 과정과 같다. 하이데거의 이 철학적 방법은 기존 철학적 개념들을 초기 상태로 분해하여 자신의 철학으로 재창조해 나가는 과정을 설명해준다.

데리다와 하이데거의 해체 사이에는 어떤 차이가 있는가? 기계를 분해하고 재조립 하는 과정은 하이데거의 철학과 세계관에 대한 하나의 비유가 될 수 있다. 하이데거 철학의 가장 중요한 환경 가운데 하나는 과학화, 기술문명화되는 사회였다. 그는 이러한 환경에서 인간이 자신의 적절한 인간적 환경을 잃어버리고 오히려 기술 세계에 흡입되어 버리는 것을 목격하였다. 하이데거 철학의 중요한 메시지 가운데 하나는 이러한 기술적 환경을 개인이 이해하고 인간적 삶의 한 지평으로 머물게 해야 한다는 것이다. 인간은 일정한 환경에 던져진 존재이지만 이런 가운데서 인간은 인간적 존재로서의 가능성을 갖는 삶을 영위할 수 있다는 것이다. 하이데거의 철학적 사유 속에서 인간의 삶은 척박한 환경 속에서 해체되면서도 이것이 창조적으로 재구성될 계기는 계속 모색된다. 이런 점에서 하이데거의 철학은 철저히 인간학이다.

반면 데리다에게 해체는 방법론이기보다는 태도라 할 수 있다. 그의 해체는 어떤 매뉴얼이라기보다는 끝없는 운동적 지향성을 갖는다. 하이데거의 철학이 어느 정도의 과정과 운동을 거쳐 인간적인 거처(dwelling)를 갖는다면, 데리다의 움직임은 멈추지 않는 의문과 의심으로 점철된다.

하이데거 철학의 근저에는 인간이 있고, 세계를 인간 중심으로 해석해 내려는 끈질긴 의지가 내재되어 있다. 하지만 그

25

의 철학도 진정한 인간학에는 미치지 못하는 면모가 있는 것도 사실이다. 가령 그의 철학적 대상으로서의 환경은 사물 세계에 국한된 면이 있다. 하지만 개인의 환경적 타자는 다른 개인일 수 있고, 그것은 사물적 환경과는 또 다른 차원과 비중을 갖는 환경인 것이 사실이다. 이런 면모와 연장선에서 하이데거 철학에는 사회철학적 면모와 윤리적 면모가 결여되어 있다는 지적이 이해될 수 있다. 개인의 타자로서 다른 개인을 설정해 나가고 인간 일반으로 논리를 확대해 나가는 철학이 바로 레비나스의 철학이었다. 그의 철학은 인간과 세계 그리고 다른 인간과의 관계를 윤리적 관계로 파악하고 이를 논리적으로 설명해 내고자 했다.

데리다의 해체는 하이데거와 레비나스의 철학적 방법론과 연장선에 있다. 그리고 그 연장선은 끝없는 해체적 태도, 즉 일정한 철학적 방법론이 하나의 틀이 됨으로써 발생할 수 있는 규정적·폭력적 양상을 계속적으로 극복해 내고자 하는 태도에서 찾을 수 있다. 그리고 그러한 태도의 기저에는 인간과 세계에 대한 윤리적 이해가 있다고 할 수 있다. 해체론에 대한 많은 논의는 해체론의 탈 주체적 측면을 강조해 왔다. 일면 그것은 해체론에 대한 한 설명으로 유효한 것이다. 하지만 그것은 분명 일면적 내지는 일차적 측면이라 하지 않을 수 없다. 해체론, 특히 데리다의 후기 작업을 포함하는 해체론은 해체론의 정치·사회적 함의를 고려하지 않을 수 없고, 여기에서 가장 두드러지는 양상은 오늘의 세계와 인간의 삶에 대한 고심을 담고 있음을 알 수 있기 때문이다.

무엇을 해체하고자 하는가

구조

　구조는 해체의 반대 개념이자 해체의 대상이다. 세상을 구조적으로 이해하고자 하는 시도는 항상 있어 왔다. 구조적으로 이해한다는 것은 여러 가지가 함께 조직된 상태로 이해한다는 것이다. 가령 음양오행설과 같은 것이 그것이다. 중국의 은주 시대에서부터 발달되어 온 음양설은 우주와 인간의 생성과 운동을 음과 양이 서로 엮어내는 관계 속에서 설명하고자 한다. 음양설은 여자와 남자는 음과 양이지만, 따지고 보면 내적으로 남자의 경우에도 어느 정도 음과 양이 적절하게 배분되어 있다고 설명한다. 오행설 또한 목·화·토·금·수가 다양하게 결합함으로써 우주와 인간의 형상과 변화가 결정된다고 설명한다. 이 두 설이 전국시대 중엽에 결합하여 음양오행설로 통용되고, 천문의 해석이나 인간병리의 진단에 널리 사용되었다. 음양오행설은 복잡다기한 우주와 세상사 그리고 인간의 모습과 운명을 구성하는 기본 단위들, 즉 음과 양 그리고 목·화·토·금·수라는 오행의 배분과 운동으로 설명하고자 한다. 복잡한 세계를 투명한 화학 구조와 같은 방식으로 보여주려는 시도라 할 수 있다.

이러한 시도는 서양에서 또한 마찬가지였다. 희랍의 철학자 엠페도클레스가 세계를 흙, 공기, 불, 그리고 물로 설명한 것은 중세 철학에까지 이어졌다. 아리스토텔레스가 드라마를 정의하면서 '처음과 중간과 끝'이 있다고 말한 것은 너무나 평이하다. 그는 "처음은 그 앞에 아무 것도 없고, 끝은 그 뒤에 아무 것도 없다."고 부연하고 있는데 거의 선문답과 같은 수준의 설명이다. 하지만 이러한 정의는 상식적이고 간명한 만큼 유용하다. 그것은 처음은 처음답고 끝은 끝다워야 한다는 것이며, 이것이 드라마를 드라마로 완성시키는 요소임을 강조하고 있는 것이다. 사실 이 말은 우리의 삶에도 적용된다. 우리의 삶 역시 태어나고, 살아가며, 그리고 죽는다. 삶을 이러한 방식으로 설명하는 것은 바로 우리의 삶을 하나의 드라마로 설명하면서 그 의의를 높이고자 하는 의욕을 담고 있다. 이렇듯 구조는 우리의 삶과 세계를 여러 가지 요소들의 이합집산(離合集散)과 변화 속에 설명하고 이해하고자 하는 틀이라 할 수 있다.

설명 방식에 있어 구조적 이해와 상반되는 방식 또한 있어 왔다. 그 대표적 경우가 역사적 이해이다. 역사적 이해란 어떤 대상을 이해할 때 그것이 어떤 내력을 가졌는지를 아는 것이 중요하다는 입장이다. 역사주의는 매우 폭넓은 시야 속에 전개되기도 했는데, 그 대표적 경우가 마르크스의 인류의 역사발전 5단계이다. 마르크스는 인류의 역사가 원시공산 사회→노예제 사회→봉건제 사회→자본주의 사회→공산주의 사회의 과정을 거친다고 주장하였다. 그리고 이러한 사회 변동이 일어나게 되는 것은 생산력과 생산관계가 변화하기 때문이라고 보았다. 가령 노예제 사회의 경우 생산력의 원천은 노예이다. 일정한 시간이 지남에 따라 이러한 노예의 생산력이 증가되어 생산관계, 즉 노예제 사회라는 틀로서는 포용될 수 없을 정도에 이르게 되며, 이에 따라 농노 신분이 탄생하는 봉건제 사회로 이행한다는 것이다. 마르크스는 사회를 이러한 변동 속에서 파악할 것을 요구한다. 또한 희랍의 철학자 헤라클레이토스는 만물은 유전(流轉)하며, 우리는 같은 강에 발을 담그지만 흐르는 물은 늘 다르다고 말한 바 있다. 사물은 일정하기보다는 변화하는 과정 속에 있다는 것이다. 헤겔이 희랍철학에서 재해석해 낸 변증법이나, 마르크스가 주창하는 철학 즉 이제까지의 세계를 해석해 온 철학이 아닌 세계를 변화시키는 철학은 모두 역사주의적이라고 할 수 있다.

하지만 역사주의 역시 구조주의와 유사한 논리를 갖는 것으로 보일 수 있다. 즉 어떤 개인의 삶에 대한 태도나 역사적 사건은 그 당대의 역사적 조건에 의해 판단해야 한다는 것이 역사주의이기 때문이다. 이런 점에서 역사주의 또한 일정 시대의 역사적 공간, 즉 구조 속에서 판단하는 것의 중요성을 역설하고 있는 것이다. 한 시대의 사건은 그 시대의 역사적 배경 속에서 파악되어야 한다는 논리가 그것이다. 이러한 시각에 따르면 『삼국사기』(1145)와 『삼국유사』(1281~1283, 추정)는 이러한 저작이 어떠한 역사적 환경에서 저술된 것인지가 그 내용의 진의를 파악하는 데 있어 매우 중요한 역할을 하게 된다. 가령 『삼국사기』가 왕의 명령으로 저술된 것이라는 배경은 『삼국사기』의 내용과 구성을 결정하고 있으며, 『삼국유사』는 일연 개인의 저술이자 몽고의 침입(1231)이라는 시대적 배경이 매우 중요한 인자로 작용하고 있다는 것이다.

역사주의와 반대의 입장에 있는 것이 구조주의이다. 앞서 우리는 구조를 중요시 하는 입장이 주어진 구조 속에서 개별 사안을 판단하는 것이라 하였다. 물론 이 구조는 주어진 조건과 상황까지 아우르는 말이다. 따라서 역사주의의 사회 문화적 공간과 구조주의의 구조가 어떤 차이가 있는 것인가 하는 의문이 제기될 수 있다. 이 둘의 가장 큰 차이점은 역사주의적 공간이 마르크스의 역사발전론에서와 같이 변화의 공간이라면, 구조주의의 구조는 비역사적 질서, 즉 오랜 시간 속에서도 항구 불변하는 공간이다. 음양오행은 은주시대에도, 그리고 지금도 그 구조에 근본적 변화가 없다. 그러므로 역사주의는 구조주의가 변화의 문제를 설명해 낼 수 없는 치명적 한계를 갖는다고 주장한다.

해체주의가 태동하게 된 한 계기는 구조주의에 대한 비판에 있다. 여기에서의 구조주의는 위에서 논의한 일반적 의미의 구조주의가 아니라 하나의 방법론이자 사상적인 틀로서의 구조주의를 말한다. 체계화된 하나의 방법론으로서의 구조주의의 중요한 단초는 언어학에서 시작하였다. 특히 스위스의 언어학자 소쉬르(Ferdinand de Saussure, 1857~1913)는 그 시조로 꼽힌다. 소쉬르는 당대의 언어학이 주로 역사적 방식으로 이루어진 것과는 달리 언어의 일정한 체계를 탐구하고자 했다. 소쉬르 당시의 역사적 방식의 언어학을 예를 통해 살펴보자. 가령 영어에서 'Window'는 1225년경 'wind eye'로 사용되기 시작하였다. 이는 노르웨이 지방의 말로 지붕 등의 바람구멍을 뜻하는 'vindauga(vind=wind, auga=eye)'가 기존의

'eye-hole'을 뜻하는 'eagþyrl'과 'eagduru'을 대체한 것이다. 이와 같이 역사적으로 추적한 영어의 모습은 언어가 역사적으로 무한히 변화를 겪어왔다는 것을 알려주면서 영어에 대한 이해를 높여준다. 우리말에서 한 예를 들면, '을씨년스럽다'는 표현의 의미는 을사늑약(1905)의 어수선하고 스산한 분위기를 가리키는 것에서 시작하였다는 주장에서와 같이 그 역사적 사실을 알게 되면 더욱 분명해진다.

소쉬르는 이러한 역사적 방법을 시간을 관통하는 방식이라는 의미에서 통시적(通時的) 방법이라 부르고, 이에 대조되는 자신의 방식을 주어진 시간에 파악된 구조를 대상으로 하는 방식이라는 의미에서 공시적(共時的) 방법이라 부른다. 언어에 대한 공시적 이론화는 그의 사후, 제자들이 그의 강의를 모아 발간한 『일반 언어학 강의(Cours de linguistique générale)』(1916)에서 이루어지고 있다. 여기에서 '일반 언어학'이라는 제목이 지향하는 바는 언어의 일반 법칙을 발견해 내고자 하는 의지를 담고 있다. 이 일반 법칙이 바로 언어의 구조이다.

소쉬르는 언어의 구조를 밝히기 위해 언어를 사용하는 개개인의 발화(parole)를 분석하고 연구하는 것이 아니라, 개별적인 말들의 저변을 이루는 법칙으로서의 언어(langue)를 분석해야 한다고 구별한다. 발화는 개인적 편차가 있는 가변적 언어현상이지만, 모든 개인의 언어생활을 지배하는 법칙은 일반성과 항상성을 갖는다는 것이다. 즉, 한국의 시장에서 오가는 하나하나의 언어는 변화무쌍하지만, 이러한 언어는 일정한 법칙을 갖는 한국어가 실제 사회에서 실천되고 활용되는 예에 해당한다. 그러므로 다양한 언어적 실천은 언어의 법칙을 가리키고, 역으로 이러한 언어 법칙의 공유가 언어의 사용을 가능하게 한다. 그런데 이러한 언어의 법칙은 우선적으로 '언어'의 법칙이다. 즉, 언어는 언어만의 법칙이 있고, 언어의 사용자는 이 세계에 들어가야만 언어를 사용할 수 있다. 어떻게 보면 사람이 언어를 사용하는 것이 아니라, 언어가 사람을 흡수하여 언어 법칙을 통해 사람의 의사를 전달하는 구조를 갖는다. 즉, 언어는 현실 세계와는 다른 법칙과 구조를 갖는다는 것이다.

흔히 우리는 '엄마'라는 말과 '엄마'라는 대상이 공고히 결합된 것으로 생각한다. 하지만 영어권에서 '엄마'라는 대상은 'mamma'라는 말로 불린다. 기실 '엄마'라는 발음이 대상으로서의 '엄마'와는 내용적으로 아무런 관련이 없어, 발음과 대상과의 관계는 자의적이다. 소쉬르에 따르면, '엄마'가 '엄마'일 수 있는 것은 '엄마'라는 대상과의 관계가 아니라 오히려 '아빠'라는 발음과 형성하는 관계에 의해서이다. '엄마'라는 단어가 언어적으로 한 역할을 할 수 있는 것은 그를 둘러싼 다른 단어들과 미세한 차이를 갖기 때문이다. 더 정확히 말하자면, 이러한 미세한 차이들이 형성하는 그물망 속에 '엄마'는 안정성을 갖고 대상으로서의 '엄마'라는 일정한 뜻을 갖게 되는 것이다. 소쉬르는 발음을 기표(記標, signifiant), 뜻을 기의(記意, signifié)라 명명하면서, 언어 현상은 오로지 기표가 갖는 구조에 의해 결정된다고 설명한다. 신호등의 빨간 불이라는 기표는 '멈추시오'라는 기의를 갖고, 파란 불이라는 기표는 '가시오'라는 기의를 갖는다. 하지만 이는 단지 사회적 약속에 지나지 않는다. 우리가 오늘부터, 혹은 다른 어느 나라에서 빨간 불에는 가고 파란 불에는 멈추도록 교통 규칙을 정한다 해도 아무런 문제가 없는 것이다. 소쉬르의 연구는 언어현상에서 기표와 기의와의 사이에 어떤 자연스러운 연관성이 있는 것으로 생각해 온 것은 명백한 오류임을 강조한다. 또 기표의 체계에서 가령 빨간 불, 파란 불 그리고 노란 불이라는 구별—소위 '변별적 자질'—이 가능함으로써 기의의 구별 또한 가능하게 된다는 것을 역설한다.

소쉬르에게 중요한 것은 언어의 구조이다. 그래서 그의 언어학은 이후 구조주의 언어학의 선구가 되는 한편, 다른 학문 분야에도 깊은 영향을 미치게 된다. 구조주의 언어학은 여러 분야에 유비적 암시를 준다. 대표적 경우가 구조 인류학과 같은 것이다. 발전 과정상 인류학이 분명 제국주의적 특성을 갖는 것이 사실이다. 지리적으로 그리고 문화적으로 다른 사회를 연구하고자 한 것은 공간적 차이에 기인한 차이를 시간적 차이에 기인한 것으로 여기는 측면이 있다고 하겠다. 즉, 강을 거슬러 원시림으로 올라가면 서양의 과거로, 현재는 복잡해서 쉽게 드러나지 않는 사회 구조가 그 원형적 모습을 그대로 드러내는 문화로, 접근할 수 있다는 생각이 있었다고 할 수 있다. 어느 정도 이러한 바탕 위에서 구조주의 인류학은 서구와 그 외 지역의 문화가 그 내면에 하나의 공통된 구조를 갖는다는 것을 밝히고자 했다. 즉, 양자가 인간의 문화인 한, 하나의 '문화'라는 틀을 가지고 있을 것으로 보았다. 가령 구조주의 인류학의 선구자인 레비-스트로스(Claude Lévi-Strauss, 1908~1991)는 인류가 자연의 상태에서 문화의 상태로 이동하는 과정에서 가장 기본적인 문화적 틀을 채택하게 된다고 보면서, 다양한 인간의 문화 속에서도 결국 근친상간은 가장 금기시되는 제도라는 것에 주목하였다. 오이디푸스 왕에게도 사모아에서도 그리고 우리에게도 그렇다. 이러한 근친상간의 금지는 친족관계라는 틀을 만들고 유지하게 되고, 또 이러한 틀이 근친상간의 금지를 규제하는 역할을 하게 된다. 이런 점에서 친족관계는 문화의 문법으로 작용하면서, 개인의 정체성을 결정하는 가장 중요한 역할을 한다. 개별 정체성은 구조 속에서 결정된다는 논리이다.

여기에서 구조주의가 문화 연구에 지대한 영향을 준 이유를 알 수 있다. 문화 현상을 몇 가지 선명한 요소들로 구성된 틀 속에 설명해 내려는 문화 연구는 복잡한 문화 현상의 이해에 기여하였다. 여기에서 기의보다는 기표가, 물질적 조건보다는 문화적 조건이 인간 사회와 개인의 틀로서 더욱 중요한 지위를 갖는다는 것은 점점 더 강조된다. 가령 마르크스에 있어 물질적 조건이나 물건의 교환이 사회적 기초로 매우 중요한 변수로 작용하지만, 레비-스트로스의 경우 족외혼, 즉 다른 부족에게 여성을 결혼시키는 제도와 같은 교환체계가 전쟁을 방지하는 하나의 의사 교환체제로서의 역할을 한다고 설명한다.

해체주의는 사회와 인간에 대한 구조주의적 이해가 갖는 한계를 제시하고 있다. 해체주의가 구조주의를 비판하는 방식은 역사주의적이기보다는 구조주의적 이해에 내재한 논리에서 발견되는 내부적 모순을 지적하면서 이러한 틀이 갖는 한계를 제시하고자 한다. 물론 한편으로 해체주의가 구조주의의 연장선에 있는 측면 또한 전적으로 무시할 수는 없다. 하지만 한층 정확히 얘기하자면 해체주의는 구조주의적 논리의 전개가 그 논리의 첨예화와 함께 후기 구조주의 내지는 탈구조주의로 변모해 나가고 스스로의 출발점과는 전혀 다른 종착점에 도달하고 있음을 지적하고 있다. 데리다의 초기 저작 가운데 구조주의에 대한 간명하면서도 매우 의미 깊은 논의가 「인문학 담론에서의 구조, 기호, 그리고 유희」라는 짧은 글이다. 데리다의 이 글은 1966년 미국의 존스 홉킨스 대학에서 열린 구조주의에 대한 학술회의에서 발표되었다. 이 제목은 구조주의가 기호 즉 기표적 차원에 집중하고 있는 점에 주목하고, 이러한 기표적 차원이 기의적 차원에서 벗어나 유희로 발전하는 것 또한 당연한 과정임을 보여준다. 기표의 유희라 할 수 있는 이 차원은 주어진 기표 체계 내에 머물며 그 내적 요소들이 결합하여 재미를 산출한다. 하지만 어느 경우에는 이러한 체계 내에서의 즐거움은 점차 감소하거나, 자연스럽게 그것이 무너지고, 혹은 항상 그러한 체계를 위반함으로써 재미가 산출된다. 유희란 주어진 체계가 산출하는 잉여의 즐거움이거나 그러한 체계를 넘어서는 즐거움이라는 것이다. 주어진 구조 체계를 넘어서는 탈구주조의의 논리가 여기에 있다.

축구를 예로 들어보자. 축구 경기는 11명의 선수가 주어진 규칙에 따라 하는 경기이다. 이런 점에서 축구 경기는 하나의 구조 속에 이루어진 유희이다. 축구의 즐거움은 그러한 구조 속에서 이루어지는 감독의 작전과 선수들의 개인기 등 다양한 측면에서 온다. 축구의 규칙이라는 틀은 이러한 즐거움을 가능하게 하는 틀이다. 그리고 그 틀은 하나의 조합만

을 만들어내는 것이 아니라, 바둑이나 장기에서와 같이 무한
정한 조합과 전술적 운용이 가능한 틀이다. 근본적 구조는
간단하지만 그것에 기초한 축구 경기는 무한한 경우의 수를
가지고 있다.

하지만 달리 생각해 보면 축구의 재미는 그 규칙을 실천
하고 실제 반복함으로써 그에 덧붙여 생기는 어떤 활력 때문
에 생기는 것이 아닐까? 우리의 삶은 주어진 공식에서 잉여
를 산출해냄으로써 살 만한 것이 아닐까? 아리스토텔레스가
드라마의 처음과 중간과 끝이라는 구조를 얘기했을 때, 그것
은 사람의 일생에 적용될 수 있는 것이었다. 물론 이것이 삶
의 공식이기는 하지만 우리는 삶을 살면서 이러한 공식에 덧
붙여 생기는 재미로 인해 인생은 살 만한 가치가 있다고 생
각하는 것이 아닌가? 그렇다면 정작 중요한 것은 이러한 구
조가 아니라 그 구조 안에만 가두어질 수 없는 잉여 쾌락이
아닌가? 몇 페이지로 요약되는 축구 규칙을 보고 이를 기반
으로 펼쳐질 경기들을 상상하고는 흥분을 감추지 못할 사람
이 있을까? 바둑의 규칙을 알고 이에 따라 펼쳐질 무궁무진
한 경우의 수가 떠올라 미소 지을 사람이 있을까? 물론 그런
경우는 있을 수 있다.

파블로 카잘스는 1890년 그가 13살 무렵 바르셀로나의
한 악보 가게에서 우연히 바흐의 〈6개의 무반주 첼로 모음

곡)을 발견하게 되었을 때 그 음율에 흥분을 감추지 못했을 지 모른다. 하지만 그도 12년 동안 혼자 이를 연구하고 연주 하여 그동안 세간에 알려지지 않은 채 200년 동안이나 잠자 고 있던 이 명곡에 생명을 불어넣었고, 96세로 세상을 뜰 때 까지 평생매일 이 곡을 연습했고, 이 곡은 그의 연주로 인해 이제는 "첼로의 구약성서"라 불리고 있다. 그는 당대까지 주 로 평이한 연습곡으로 여겨지던 모음곡에서 어떤 깊이를 느 꼈고 그의 부단한 연습과 연구를 통해 그 깊이는 더해졌다. 바흐의 악보 못지않게 이를 연주하고 해석해 내는 과정이 바 흐의 음악과 음악 일반의 기쁨 창출의 방식이라 할 수 있는 것이다.

그리고 구조주의에서의 주장과 달리 구조는 변화하며, 또 그 변화의 동인(動因)은 내재적이기보다는 외재적인 경우도 많다. 축구의 규칙, 가령 오프사이드 규정은 협회의 결정에 의해 자주 바뀐다. 구조는 바뀌고, 바뀌는 힘은 외부에서 온 다. 이왕 축구를 예로 들었으니 축구와 연관된 경우를 하나 만 더 생각해 보도록 하자.

붉은 악마는 사실 붉은 악마가 있기 전에 이름부터 생겼 다고 할 수 있다. 1983년 멕시코 세계청소년선수권대회에서 박종환 감독이 이끄는 한국 대표팀이 의외로 4강에 오르자 외국의 언론들이 붉은 유니폼이 갖는 부정적 이미지를 담

치우천왕

아 한국 팀을 'Red Furies(붉은 악령)'이라 불렀는데, 이를 국
내 언론이 '붉은 악마'로 번역하고, 그것을 다시 영어로 'Red
Devils'라 칭하게 되었다고 한다. 1995년 말 국가대표팀에 대
한 조직적 응원이 필요하다는 의견과 함께 가칭 '그레이트
한국 서포터스 클럽(Great Hankuk Supporters Club)'이 태동하였
고, 1997년부터 공식 명칭으로 '붉은 악마(Red Devil)'를 채택
하여 사용하고 있다. 붉은 악마는 자신들의 로고로 치우천
왕(蚩尤天王)을 사용한다. 이들에 따르면, "치우천왕은 환인이
다스리던 환국의 뒤를 이어 환웅천왕이 건국했다고 하는 배
달국(倍達國)의 제14대 천왕으로서, 『한단고기(桓檀古記)』 삼
성기편에 의하면 기원전 2707년에 즉위하여 109년간 나라

41

를 통치했던 왕"이다.『한단고기』는 일제강점기 초기에 계연수(桂延壽)가 편찬했다는 우리 상고사에 관한 저술이다. 사실 여부야 어떻든 우리 민담에서 무서운 이미지를 갖는 도깨비에 주목하고, 이 도깨비는 전설적 황제이자 국가를 수호하는 군신인 치우천왕이 변형되어 전래되어 왔다는 여러 가지 논거 등을 기반으로 치우천왕이 붉은 악마의 공식 로고로 정착되었다.

이상에서 우리가 알 수 있는 것은 붉은 악마의 기원은 국내보다는 오히려 국외에 있다는 것, 그 명칭은 부정적인 것에서 긍정적인 것으로 의미의 전이를 겪어왔다는 것, 로고의 채택에 있어 오늘에 필요한 기호를 설정한 다음 이를 역사적으로 거슬러 올라가 어떤 기원과 연결시킨 결과라는 점 등이다. 이에 따라 내재적 체계, 견고한 의미의 구조, 역사적 추적은 고대에서 현재로 흐르는 것이기보다는 현재에서 출발하여 고대로 거슬러 올라가면서 잇는 작업이라는 징후를 발견하게 된다. 일본 축구의 상징인 삼족오(八咫烏, 야타가라스) 또한 유사한 경로 속에 채택되었다.

어떤 하나의 제도가 생기게 되는 것은 내재적 구조에 의해서만도 아니고, 외형적 실제를 반영하여서만도 아니며, 역사적으로 오히려 후발적으로 추적하여 확립되는 면도 있다. 개체의 구조를 결정하는 것은 내재적이기보다는 외재적이다.

가령 많은 한국의 축구 팬들은 붉은 악마의 복장을 입고 응원을 하지만 모두가 반드시 붉은 악마라는 응원조직의 구성원이라는 생각은 하지 않을 것이다. 붉은 악마와 치우천왕의 기원이나 의미가 어떤 역사적 사연과 깊이를 가지고 있고 그 이념이 어떻게 설정된 것인지 등에는 사실 아무런 관심이 없는 응원객이 대부분일 것이다. 붉은 색과 뿔 달린 가면은 그저 하나의 기호이고 재미로 소비되는 대상이 지나지 않는다. 굳이 거기에서 어떤 의미를 찾으려고 애쓰지도 않고, 또 그 의미가 없다 해도 개의치 않을 것이다. 기호는, 정확히 말하자면 기표는 기의에서 떨어져 나와 활보해도 아무런 불안감을 조성하지 않으며 오히려 자유롭게 소비되면서 즐길 수 있는 유희의 대상이 될 수 있다.

기표와 기의가, 즉 신호등의 빨간불과 '서시오'라는 의미가 단지 문화적 약속일 뿐 어떤 자연스러운 연결점이 없다는 것은 소쉬르 구조주의 언어학의 가장 기본적인 전제이다. 붉은 악마와 치우천왕이라는 기호와 그 의미는 문화적으로, 매우 인위적으로 엮여온 현상이며 이것은 구조주의적 논지의 좋은 예이다. 하지만 여기에서 한 걸음 더 나아가, 그러한 기호와 표상이 어떻든 어떤 의미를 갖고 있을 필요가 없다는 생각 속에 소비되고 향유되는 세태는 구조주의적 상황에서는 조금은 벗어나 있다. 이런 상황은 구조주의에서 논리적으로 예측 가능했지만, 그러한 구도에서는 벗어난 것도 사실이다. 오늘날 최소한의 자의적 의미도 없이 표상이 독자적 실체로 작용하거나, 표상이 내용보다는 훨씬 더 무소불위의 힘을 발휘하고 있는 것이 현실이다. 이러한 현상을 포스트모던 현상의 대표적 경우로 꼽는다. 하지만 포스트모던은 오늘의 삶과 사회만이 아니라 인간의 문화라는 것이 본래적으로 그런 면이 많다는 것 또한 지적하고 있다. 포장이 그렇고, 유명 브랜드가 그렇고, 어디 출신이라는 것이 그렇다. 이러한 현상은 비단 오늘날의 현상만이 아니라 예전부터 정도를 달리하여 있어 온 것이 사실이다.

위계질서

구조는 질서이자 형식이고, 그러한 질서는 아름다운 것이면서도 주로 위계적이다. 음과 양, 밤과 낮, 여자와 남자, 선과 악, 진리와 거짓, 이성과 감성, 현상과 본질 등에 있어 양쪽은 평등하기보다는 주로 위계적으로 어느 한 편이 우위를 점해왔다. 해체론은 이와 같이 분명한 위계질서만이 아니라 전혀 그러한 징후가 느껴지지 않는 부분에서도 이러한 위계를 지적해 낸다. 데리다는 일반적으로만이 아니라 철학사에서도 거의 무의식적으로 받아들여져 온 사안 하나를 들고 나와 자신만의 목소리를 확고히 했다. 그것은 특이하게도 문자에 대한 그의 논의였다.

플라톤의 『파이드루스(Phaedrus)』에는 스승 소크라테스가 친구인 파이드루스에게 들려준 고대 이집트의 발명의 신 테우스와 타무스 왕에 대한 이야기가 있다. 테우스는 산수와 기하학, 천문학 그리고 문자 등을 발명하고 이것이 인간 사회에서 널리 사용될 수 있도록 설명하면서 타무스 왕의 의견을 물었다. 테우스는 특히 자신이 문자의 발명에 기울인 노력을 언급하면서, 이것이 백성들의 지혜와 기억력을 높여주게 될 것으로 자신했다. 하지만 이 자랑스러운 발명품에 대한 왕의 반응은 오히려 우려가 앞선 것이었다. 왕은 백성들이 문자에 의존하게 되면서 오히려 기억력의 감퇴를 가져오게 될 것이고, 문자를 통해 지혜의 실체보다는 외관만을 갖게 되며, 그럼에도 지혜 자체를 갖고 있다는 자만심으로 가득 차게 될 것이라고 경고했다. 기억과 지혜 대신 문자만이 횡행하는 사회가 될 것이라는 우려였다. 소크라테스는 이 일화를 통해 무엇이 사람을 지혜롭게 할 수 있는지를 말하고자 했다.

소크라테스에게 문자란 목소리를 담는 하나의 그릇 내지는 매체로서 생각되었다. 그런 만큼 문자는 이차적 현상이고, 말에 담긴 영혼이 없어진 수단에 불과하다. 문자는 정작 주인이 없이 읽는 이에 따라 그 뜻이 마음대로 정해질 수 있는 매체라는 것이다. 목소리는 대화 속에 상대방의 의견에 수긍하고 맞서면서 살아 움직인다. 소크라테스의 대화술이 가능한 이유이자, 그가 대화를 자신의 철학적 논증 방법으로 사용한 이유이기도 하다. 소위 음성 언어가 문자 언어보다는 우위에 있다는 생각이 그것인데, 데리다는 이를 음성중심주의라 말한다. 데리다는 이러한 음성중심주의가 철학사의 주요 장면에서, 그리고 구조주의에서도 등장하고 있다는 것과 그러한 음성중심주의의 자기모순을 지적한다.

데리다는 소크라테스의 논리 속에서 문자가 생명이 없고 타락한 것이자 독으로 여겨지고 있다고 지적한다. 하지만 데리다는 문자에도 음성적인 특성이 있고, 음성에도 문자적인 특성이 있다고 주장한다. 문자와 음성을 포괄하는 어떤 언어적인 현상은 어쩌면 음성적이기보다는 문자적일 수 있다. 문자에는 기억도 있고 외형도 있다. 문자가 음성보다 더 다양하게 해석될 수 있는 여지는 그것이 단순한 표피적 지식 전달자가 아니라 오히려 어느 정도 지식의 담지자로 기능하는 예가 아닐까? 문자는 글쓴이의 영혼과 나름의 물질성을 동시에 갖춘 존재가 아닐까? 우리가 문자와 음성을 엄격하게 이분법적으로 구분하고 있지만, 문자는 음성적 특성을 가지고 있고 음성은 문자적 특성을 갖고 있다고 보아야 한다. 즉 문자와 음성은 상호의존적이며 상호보완적인 관계를 형성하고 있다.

문자와 음성의 상보적 관계는 논리적 차원 못지않게 실제
적 차원에서 쉽게 이해할 수 있다. 가령 소쉬르가 일반 언어
학의 대상으로 개별 발화보다는 언어의 전체적 체계를 선택
했을 때, 그것은 거의 문자로 구현된 표준화된 언어에 가까
운 것이었다. 오늘날에도 우리의 음성적 언어 사용을 규제하
고 일정 방향으로 권장하는 것은 문자 언어라 할 수 있다. 소
크라테스의 대화 역시 플라톤에 의해 문자를 통해 우리에게
전해지고 있음을 부인할 수 없다. 오히려 문자적인 것이 음성
적인 것보다 우위를 갖는 것도 사실이다. 법은 말보다는 글
로 되어 있다. 전화보다는 편지가 더 법적 구속력을 갖는다.
그럼에도 타무스, 소크라테스와 플라톤, 그리고 기독교 전통
과 낭만주의 등을 거쳐 음성과 문자 사이에는 확연히 이분법
적 사고가 존재해 왔고 그 가운데 음성이 더 본질적인 원조
라는 생각은 지속되었다.

데리다의 해체론은 음성과 문자의 이분법에 당면하여 어
느 한쪽의 우위를 강조하지 않는다. 문자의 상대적 우월성을
보여주는 경우들을 지적하고 논의하는 것은 음성으로 기운
무게 중심을 회복하고자 하는 것은 아니다. 페미니즘의 발전
과정에서 탐색된 것 가운데 하나는 남성과 여성의 평등이다.
어떤 경우는 여성을 남성의 위에 놓고자 하는 운동으로 여겨

질 수 있고, 또 그러한 운동을 지지하는 그룹도 있는 것이 사실이다. 하지만 여성을 남성의 위에 놓는 것 역시 또 하나의 위계질서를 만드는 것에 지나지 않는다는 생각에 이르면, 페미니즘의 중요 목표는 위계질서의 해체가 되어야 한다는 주장이 있게 된다. 음성과 문자와의 관계에 대한 해체론적 접근과 유사한 목표가 되는 것이다.

해체론은 이분법과 구조를 형성하는 요소들이 위계적이기보다는 논리적으로 보충과 대체관계에 있음을 끈질기게 추적하고 들춰낸다. 그런데 여기서 먼저 생각해 볼 것은 우리의 문화와 현실이 구조화─특히 이분법적인 위계질서에 의해 체계화되어 있지만, 사실 자세히 들여다보면 이러한 체계의 내부에서 이분법적 요소들은 위계적이기보다는 이미 본래적으로 상호의존적 관계에 있다는 사실이다. 그렇다면 이는 이 구조가 해체의 메스를 대기도 전에 이미 해체되어 있다는 말이 아닌가? 해체론은 이에 대해 주저 없이 그렇다고 답할 것이다. 구조가 구조로 성립되는 것은 억압적이고 폭력적인 위계질서에 의한 것이고, 그런 만큼 그것은 항상 취약한 논리 위에 세워져 있다.

양(陽)이 우위인 구조는 폭력적 구조이며, 내면적 논리를 들여다보면 그것은 양의 우위가 본래적 가치에 의한 것이 아니라 오히려 폭력적 논리와 관계에 의해 유지되고 있을 뿐이라는 것을 알 수 있다. 사실 동양 의학에서 음과 양은 우리 신체에 균형 있게 병존해야 한다. 남자 역시 양기로만 되어 있지는 않다. 오히려 음과 양이 일정하게 조화된 상태가 건강한 상태이며, 여자 역시 마찬가지이다. 음과 양은 상호보완 관계에 있는 것이다. 극과 극의 상보적 관계는 여러 현상에 대해 상당한 암시를 갖는다.

해체의 논리는 무엇과 무엇의 대비는 그것들이 내적으로 이미 같은 점을 공유하고 있기 때문에 가능하다는 것을 일깨워준다. 남자와 여자의 대비는 인간이라는 공유점이 있고, 이러한 대비를 가능하게 하는 것이 바로 이 공유점이다. 남자와 수컷 원숭이의 대비가 가능한 것은 둘 다 동물 수컷이라는 공유점으로 인해서이다. 남자와 꽃의 수술이 혹 대비가 가능하다면 그 출발점은 남성성일 것이다. 사과와 배의 특성을 서로 비교할 수 있는 것은 이 둘의 차이점만큼이나 공통점이 있기 때문이다. 이러한 공통점이 차이를 가능하게 하는 동인이 되고 있는 것이다. 남자와 코끼리를 비교하는 것, 혹은 남자와 배를 비교하는 것이 난감한 이유가 여기에 있다.

해체주의는 이를 차이(差異)와 연장(延長)으로 설명한다. 차이는 연장을 기반으로 한다는 것이다. 사과와 배의 차이는 이들이 과일로 서로 이어진 연장선에 있기 때문이다. 해체주의의 복합적인 개념 가운데 하나인 차연(差延, différance)은 차이와 연기의 준말로 차이(difference)의 내적 원리를 드러내고자 하는 개념이다. 구조 언어학과 같은 구조주의가 이원적 요소의 차이와 대립에 의해 의미와 구조가 형성되는 것에 주목하는 것이다. 하지만 해체론은 이러한 이원적 요소는 대립적이기보다는 상보적 관계에 있으며, 최소한 이러한 차이는 항상 연기되고 불안정하다는 점을 강조한다.

차연의 개념은 우리가 당연시해 온 논리적 틀에 상당한 의문을 제기하게 된다. 가령 선과 악의 문제가 그것이다. 선한 행동은 그 자체로 존재한다. 맹자는 인(仁)의 근본으로 측은지심(惻隱之心)을 말한다. 우물에 빠지려는 어린 아이를 보면 누구라도 달려가 아이를 붙들게 되는데, 이런 마음은 아이의 부모를 잘 알아서도, 다른 사람의 칭찬을 받고자 해서도, 아이를 구하지 않았다고 비난 받을까봐 두려워해서도 아니라, 단지 아이의 불행과 고난을 차마 보지 못하는 착한 마음, 즉 측은한 마음이 움직여 자기도 모르는 사이에 그렇게 하는 것이다. 선한 행동은 분명 있는 것이다. 하지만 이러한 선한 행동이 선한 행동이라 이름 지어지고 파악되는 것은 이와 대조되는 악이 반대편에 있기 때문에 이에 대비되어 선이 있는 것이다. 그런 의미에서 선이 선으로 파악되기 위해서는 인식론적으로 그리고 표상적으로 악과의 대비가 필요하다. 그리고 이러한 대비는 대비만이 아니라 오히려 상보적 논리라 할 수 있다. 선은 악을 필요로 한다. 신은 악마를 필요로 한다.

밀튼(John Milton)의 서사시 『실낙원(失樂園, Paradise Lost)』(1667)은 아담이 뱀으로 변신한 사탄의 꾐에 빠져 선악과를 따먹고 낙원에서 추방되는 과정과 인류 구원의 희망을 담아내고 있다. 이 기독교적 서사시가 평자들과 일반 독자들 사이에 계속된 논쟁의 역사를 갖게 된 것은 여기에서 악의 화신이라 할 수 있는 사탄이 매우 매력적으로 그려졌다는 것이다. 밀튼의 사탄은 루시퍼 즉 샛별로 '빛을 가져오는 자'이다. 시의 시작은 하나님께서 예수를 가장 총애하여 천상의 2인자로 정하자 천사의 우두머리이던 루시퍼가 하나님에게 필적한다는 자만심으로 반기를 들어 천상에서 지옥으로 추방되었지만 굴하지 않고 항쟁을 계속한다는 내용이다. 여기에서 루시퍼는 불굴의 의지와 의식을 가진 빛나는 영웅적 면모를 보여주는 것으로 보이기까지 한다. 바이론 등 낭만주의 시인들이 밀튼의 사탄과 같은 인물들을 주목하고 거의 숭배의 대상으로 삼게 된 이유가 여기에 있다.

『실낙원』은 인간의 원죄와 구원을 노래하기 위한 서사시이다. 그런 만큼 선과 악을 최대한 대비시키는 것은 그 주제를 선명하게 드러내는 데 중요한 역할을 할 수 있었다. 하지만 밀튼의 펜 끝은 알 수 없는 망설임으로 흔들렸던 것으로 보인다. 이에 대해 어떤 비평가는 밀튼이 독자로 하여금 자신도 모르게 사탄에게 동정심을 갖도록 그림으로써 유혹이라는 것이 얼마나 은밀한 마력과 같은 것인지를 교묘하게 실감하도록 했다는 주장을 펴기도 하였다. 사탄의 매력이 니무도 커, 어떻든 이를 설명해 보고자 하는 여러 기묘한 해석 가운데 하나이다.

『실낙원』의 주제가 선과 악의 대비와 위계 구조 속에 고양된다는 해석들과 달리 선과 악 사이의 경계는 한껏 흐려져 있다. 문학사에서 위대한 작가로 평가받는 셰익스피어, 괴테, 플로베르, 도스토예프스키, 멜빌 등의 대표작에서 상당수의 주인공들은 사회적이고 도덕적인 선택을 내면으로 가지고 와 여러 가지 가능성들을 사유한다. 주인공의 내면적 공간과 문학적 공간 안에서 선과 악, 진실과 거짓 등은 새롭게 경계를 설정하고 그 경계가 수없이 무너져 내린다. 이렇게 내적 유동성의 공간에서 새로운 각오와 판단 그리고 결정의 폭은 넓어지고 가능해진다. 한편으로 이것은 비결정성의 공간이면서 동시에 불가능한 것이 가능해질 수 있는지가 탐색되면서 그 가능성이 틈입할 수 있는 기회를 얻는다. 문학의 의의 가운데 하나는 이렇게 이분법적인 구도와 당연시 여겨온 질서 체계에 새로운 유동성을 가지고 오는 것이다. 문학사의 걸작들과 선과 악이 뚜렷이 구별되는 인물을 설정하는 동화나 전형적인 텔레비전 연속극이 차이를 보이는 점 가운데 하나가 여기에 있다고 할 수 있다.

질서, 특히 위계질서는 차이와 차별을 통해 구조화되어 있다. 해체론은 이러한 차이와 차별이 다름과 함께 유사점과 연속선상의 논리 위에 성립한다는 것을 보여주고자 한다. 이 분법은 구별과 함께 보완의 원리가 작동하고 있다는 것이다. 해체론은 이러한 보완의 원리를 동원해 구별의 원리가 선명하지 않다는 것, 구별에 의해서만 의미가 생성되지 않는다는 것, 그리고 이제껏 구별의 원리에 의해 확정된 의미들에는 한계가 있다는 것, 즉 의미들은 무한히 유동적인 차원을 갖는다는 방향으로 논리를 전개해 나간다.

이런 점에서 차연은 차이와 연장의 혼재만을 말하는 것이 아니라 궁극적으로는—차이를 구별함으로써 생겨나는 것, 가령 선과 악의 구별에서 생기는—의미가 항상 생성되고, 연장되며, 연기되고, 열려있다는 것이다. 즉 확정적이기보다는 지속적인 작업의 대상에 지나지 않는다는 것이 더욱 중요하다. 어떤 특정한 것의 의미는 확정적인 것 같지만 기실은 항상 열려있고 유동적이며 확정적이지 않고, 오히려 이런 점이 잠정적으로나마 그 의미를 만들어내는 방식이기도 하다. 여기에서는 불확정과 확정마저도 경계를 정할 수 없는 것이 되는 것이다.

책의 서문이 그렇다. 책을 열면 많은 경우 서문이라는 것이 있다. 본격적인 내용으로 들어가기 전에 독자의 마음을 바로잡고 본론으로 인도하기 위한 도입부가 서문이다. 그래서 글을 쓰는 순서 또한 서문이 맨 처음을 차지하는 것으로 여기기 쉽다. 하지만 서문은 대부분 책의 모든 본문을 마치고 결론까지 완성한 다음에야 쓰게 된다. 그래야 제대로 된 서문이 될 수 있다. 글은 글 자체의 논리가 있다. 저자가 애초에 의도한 대로 본문이 써지는 것만이 아니고, 결론 역시 마찬가지이다. 오히려 모든 내용을 완성한 다음 쓴 서문만이 제대로 된 서문일 수 있다. 서문은 개념적으로 설정된 스스로의 위치를 배반하여야만 서문이 될 수 있다. 또 서문은 단지 서문으로만 남지 않고 본론을 보충하는 관계에 있다.

존재는 스스로의 의미가 확정되지 않음으로써 존재해 나간다. 그 의미는 항상 연기되고 미래에 확정되는 가능성에 의해 존재해 나간다. 어려운 이야기가 아니라 삶이 살아갈 가치가 있다면 그것은 그 의미가 바로 연기되고 확정적이지 못하고 그럼에도 어떤 의미에로의 가능성이 열려 있어 그럴 것이다. 해체론은 삶을 위계적으로 강요된 의미 속에서보다는 개인의 열린 가능성 속에서 보게끔 한다. 해체론이 삶과 사회를 해체하는 회의와 부정의 논리이기보다는 오히려 굳어져버린 구조의 논리를 벗어나 개인적 여지와 가능성을 열어 나가려는 논리로 보일 수 있는 이유가 여기에 있다.

구조의 잉여와 바깥

삶은 구조 속에 이루어진다. 하지만 우리는 이러한 삶의 구조 속에서 살아가면서 새로운 의미를 생성해낸다. 이런 점에서 우리의 삶은 구조의 효과이자 잉여이다. 구조주의는 단순히 구조 안에서 모든 것이 생성된다고 설명하지는 않는다. 구조는 작동하면서 일정한 의미와 효과를 산출해낸다. 사실, 구조주의는 이러한 의미와 효과가 어떠한 내적 구조 속에서 산출되는지를 설명해내는 도구로서 발전하였다. 그런데 여기에서 한 걸음 더 나아가 구조의 잉여를 언급할 필요가 있다. 잉여라는 것은 구조에서 발생하는 것이기도 하고, 구조 안에서는 생각될 수 없는 부분을 말하기도 한다.

교환 경제를 예로 들어보자. 자본주의 경제의 가장 중요한 작동방식은 교환에 의해 이익이 생기는 과정을 반복하는 것이다. 각 생산자는 자신이 전문적으로 생산한 품목을 시장에 내다 팔고 자신이 필요한 다양한 생필품 등을 사들이는 소비자가 된다. 이러한 무한한 교환의 고리에 의해 이익이 발생하고 생계를 꾸려간다. 교환의 구조는 그 효과로 이익을 발생시킨다. 물론 이 이익은 각 생산자가 자신의 품목에 집중함으로써 생기는 이익이지만 이것이 이익으로 실현될 수 있는 것은 교환체계가 있기 때문이다. 이런 점에서 교환체계가 바로 전문화와 분업화를 가능하게 하는 구조이고, 이익의 발생을 가능하게 하는 구조이다.

단지 자본주의 시장경제만이 아니라 모든 것이 교환의 구조 속에 있는 것으로 보는 것은 무리가 아니다. 소위 기브 앤 테이크(Give & Take)의 원리는 경제만이 아니라 문화와 정신세계까지도 적용되는 원리로 보인다. 물론 우리 삶의 모든 것이 이러한 교환의 구조 속에 속하는 것은 아니고, 이러한 교환의 구조만 있는 것도 아니다. 그리고 구조의 원리를 정하는 힘이 반드시 해당 구조 내에 있는 것만도 아니다. 한국 사회가 작동하는 방식은 한국 사회 내에서와 함께, 그 바깥인 동북아와 미국 등에 의해 결정되는 것이 사실이다. 자본주의 사회 체제 역시 자체적으로 존립하는 것도 사실이지만 그에 못지않게 아직 덜 자본주의적인 외부시장으로 진출함으로써만 유지되는 것도 사실이다. 자본주의를 지탱하는 힘의 상당 부분은 그 외부에서 오고 있다. 그리고 자본주의 작동과정은 그러한 구조의 계속적인 자기 혁신에 있음에도 유의해야 한다. 이러한 혁신은 구조가 작동하는 과정이기도 하지만 동시에 구조의 자기 혁신과 변모의 과정이라 할 수 있다.

사회와 삶 가운데는 구조 속에 움직이는 것으로 보이는

경우들은 자세히 들여다보면 그 구조의 틀을 벗어나 움직인다는 것을 알 수 있다. 물론 이러한 구조 속에 발견되는 탈구조적 현상들은 극히 예외적인 경우로 여겨질 수 있다. 하지만 해체주의는 예외적으로 간주될 수 있는 경우들이 오히려 일반적 차원이 확연해진 경우에 지나지 않는다고 설명한다.

선물(膳物)이 한 예가 될 수 있다. 선물은 물건을 주는 것을 말한다. 하지만 선물을 주는 경우 그에 상응하는 어떤 대가를 바라는 것은 아니다. 만약 대가를 바란다면 그것은 거래거나 뇌물이다. 가장 순수한 의미의 선물은 상대방의 간단한 답례마저도 바라지 않고, 이어지지도 않는 행위이다. 데리다의 요구는 엄격하게도 선물에 대해 "고맙습니다."라는 정도의 표시 역시 진정한 의미의 선물을 무력화시킨다고 설명한다. 몰래 선물을 주는 사람의 경우 "나는 대가를 바라지 않는다."고 생각하는 순간 그 생각 자체가 일종의 보상에 해당한다. 또한 선물을 받는 사람도 이를 선물로 인식한다면 대가를 지불한 것이 된다. 선물은 누구에게도 선물로 인식되지 않아야 선물이 될 수 있다. 선물이 선물로 인식되는 순간 선물이 아니다. 이런 점에서 선물은 스스로의 존재 즉 실재가 인식되지 않는 방식으로 존재한다. (그래서 '선물'은 사실 그 뜻이 표현될 수 없거나 지워진 '선물'로 표시해야 한다.) 선물은 우리의 교환 체계와 인식 체계 바깥에 존재하는 어떤 것이라 할 수 있다.

이것은 어떤 개념과 존재의 경우 그것의 정체성은 그를 둘러싼 체계와 구조 그리고 체제 안에서 결정되지 않고, 그 잉여로 혹은 바깥에서 결정된다는 것을 말해준다. 해체론은 선물의 위치와 정체성에서 발견되는 논리가 특수한 것이기보다는 오히려 일반적이라고 말한다. 구조가 잉여를 산출하고, 잉여라는 부수적인 것이 오히려 본질을 움직이는 힘이 된다. 교환을 가능하게 하는 힘은 동일한 가치의 교환을 넘어서는 잉여이다. 교환에 혹처럼 붙어 다니는 잉여가 오히려 교환의 심장인 것이다. 구조의 잉여만이 아니라 한층 더 나아가 구조의 바깥이 구조를 결정하는 경우도 있다.

미술 작품이 그 한 예이다. 회화는 그 자체로 존재하지 않는다. 항상 네모난 액자 속에 있고, 그런 만큼 액자와 함께 있다. 이런 점에서 액자는 그림의 바깥이기보다는 오히려 그림을 구성하는 내재적 한 요소라고 할 수 있다. 마치 동양이라는 정체성은 서양의 등장과 함께 생성된 의식인 것처럼. 이보다 한층 의미심장한 예는 데리다의 유령론이다. 책의 서두에서 간단히 햄릿과 마르크스의 유령에 대해 언급한 바 있지만 여기에서 더 부연할 필요가 있다. 이를 통해 우리는 해체론이 단순히 형식적·추상적·철학적 논지인 것만이 아니라 사회학이자 현실 정치학임을 알 수 있게 된다.

해체론에서 구조는 완성되어 있지 않다. 구조가 완성되어 있다거나 현실화되어 있다는 인식은 오히려 문제로 작용한다. 이는 우리의 인식과 이론의 자만심에 대한 경고를 담고 있다. 가령 정치적으로 미국이 자신의 체제가 우월하다는 절대적 확신을 가진 것에 대해 생각해 보자. 미국이 이라크를 침공한 가장 큰 명분은 이라크로부터 대량살상무기를 제거하는 것이었다. 하지만 미국의 침공 후에도 대량살상무기에 대한 증거가 발견되지 않자, 더욱 강조하게 된 명분은 자유민주주의의 확산이었다. 미국의 민주주의에 대한 확신은 독재체제에 대한 상대적 우월성에 기인하기도 하지만, 민주주의 그 자체에 대한 절대적 확신에 기인한다. 미국의 민주주의에 대한 확신은 레이건 대통령 시대(1981~1989)에는 냉전시대의 수준을 넘어 거의 철학적 담론으로 표현되었다. 그 대표적 예가 『역사의 종말』을 쓴 미국의 정치철학자 후쿠야마(Francis Fukuyama)의 주장이었다. 그는 역사의 종언을 논한 유명한 글 [The End of History?(1989); The End of History and the Last Man(1992)]에서 미국식의 자유민주주의야말로 인류 역사 발전의 종점에 해당한다고 주장하였다. 미국식의 자유민주주의적 틀이야말로 인류 역사의 가장 발전된 사회형식이며 이후의 역사는 이러한 틀의 내용적 충실화 과정에 지나지 않는다는 것이다. 이것은 마르크스 등의 사회발전론에 대한 퇴출

판결을 의미하는 것이었다.

후쿠야마의 주장은 인류가 어떤 완성된 틀에 도달했다는 것이고, 데리다가 마르크스를 다시 논한 것은 이러한 틀에 대한 확신이 갖는 자만심을 경고하기 위해서이다. 마르크스와 엥겔스의 『공산당 선언』(1948)은 "하나의 유령이 유럽을 떠돌고 있다-공산주의라는 유령이. 교황과 차르, 메테르니히와 기조, 프랑스 급진파와 독일의 첩보경찰 등 구유럽의 모든 세력이 이 유령을 몰아내기 위해 신성동맹을 맺었다."고 시작한다. 『공산당 선언』은 당대의 기성 정치세력이 공산주의가 유령처럼 엄습해 오고 있다는 불안감을 느끼고 있음을 지적하고 있다. 이 유명한 첫 문장에는 당대에나 지금이나 분명 셰익스피어의 『햄릿』의 울림이 있다는 것을 느끼게 하기에 충분하다.

데리다가 마르크스에게서 구하고자 하는 것은 그의 정신이다. 마르크스의 이론이 추구한 것은 역사를 통해 설정되고 추구되어 온 어떤 것을 대변한다. 앞서 선물의 경우를 살펴본 바와 같이 개념과 언어는 스스로를 넘어서는 잉여로 충만해 있다. 우리의 언어에는 기호체계를 넘는 정신과 영혼이 깃들어 있다고 비유적으로 말할 수 있다. 정신과 영혼은 아닐지라도 최소한 그 의미는 항상 유동적인 것으로 미래형의 차원을 갖는다. 마르크스의 이론 또한 이와 같다고 할 수 있다. 그것의 문자 그대로의 현실화된 체제, 가령 소련의 공산주의 체제는 미래적 의미로 충만한 이론을 고착화시키는 것이 어떠한 결과를 낳을 수 있는지를 예시한 역사이다. 마르크스의 이론은 그 정신으로 계승되어야 하는 것, 즉 존재론적이기보다는 가능성으로 계승되어야 한다는 것이다. (물론 마르크스 자신 또한 여기에서 완전히 자유롭지 못하다. 『공산당 선언』 역시 유구한 역사 속에 이어져 온 공산주의 정신을 완전한 모습으로 현실화하고자 했다.)

햄릿은 자신의 고뇌를 "사느냐 죽느냐, 그것이 문제로다(To be, or not to be: that is the question)."라고 말한다. 하지만 극의 시작에서부터 그의 번민을 가중시킨 것은 선왕의 유령이다. 현세를 돌아다니는 유령은 존재론적으로는 설명될 수 없는 경계에 있다고 하겠다. 삶(to be)과 죽음(not to be) 사이의 영역에 출몰하는 것이 유령이다. 이런 점에서 데리다의 존재론(ontology)은 유령론(hauntology)이라고도 한다.

데리다의 유령의 정치학은 가능성으로 열린 논리를 지향하며, 이분법 체계에 갇힌 논리를 벗어나고자 한다. 또 그것은 우리의 인식이 모든 것을 총체적으로 파악할 수 있다는 것을 인간의 자만심으로 경계하고자 한다. 그것은 구조 너머의 공간, 오늘 너머의 내일, 우리 너머의 타자를 설정하고 이러한 구도가 생각과 행동의 준거가 되어야 한다고 주장한다.

어디로 나아가고자 하는가

타자에 대한 윤리학

구조의 바깥에, 인식의 바깥에 위치한 타자를 매사에 상정한다는 것은 많은 의미를 갖게 된다. 해체론을 차이와 타자에 대한 사유라 할 수 있는 것은 그것을 극단적으로 강조하기 때문이기도 하다. 나와는 전적으로 다른 타자에 대한 해체론의 논리는 앞서 살핀 비교의 논리에서도 어느 정도 설명되었다. 아무리 다른 타자일지라도 그것이 상호 비교되고 차이를 갖는다는 것은 나와 일정한 점을 공유한다는 것을 말한다. 하지만 이 논리는 조금 부연 설명되어야 한다. 그것은 차이 사이의 공유점을 말하면서 동시에 이러한 공유점이 차이점을 감소시키지 않는다는 점이다. 유사점과 차이점이 상호 교차하는 과정에서 두 요소는 오히려 서로의 성향을 더욱 강조하는 위치에 있다는 것이다. 또한 이는 타자를 나와 동등한 위치에 놓으면서 타자를 타자로 대우한다는 것이다. 가령 타인을 나와 동등한 개별적인 다른 인간으로 생각하는 것이 그것이다. 내가 나만의 욕망과 소망을 갖는다면, 타자 또한 나만큼이나 하지만 다른 내용의 욕망과 소망을 갖는다. 여기에서 타자가 나와는 '다른' 내용의 내면세계를 상정하는 것은 내 내면의 것과 쉽게 동일시하지 않는 겸손함과 신중함을 요구한다.

마르크스의 경우에서와 마찬가지로, 해체론의 타자에 대한 자세는 오늘의 이곳 현실을 어떤 가능성으로 열어놓으려는 것이다. 그러한 가능성의 미래는 그래서 불가능한 것이어야 한다. 쉽게 도달할 수 없는, 더 정확하게 말하자면, 도달 불가능한 이상을 탐색하여 설정하는 것만이 오늘의 현실을 보다 나은 미래로 열 수 있다. 이러한 이상은 구체적 모습을 갖춘 것일 수도 있다. 하지만 데리다의 해체론은 그 이상을 구체적이기보다는 개념적인 차원에 두고자 한다. '불가능한 이상'이라는 개념 자체가 항상 살아있어 오늘의 현실이 미래로 열릴 가능성을 항상 확보하고자 하는 것이다. 그 이상은 사람이나 사회나 문화의 어떤 모습이 아니라, 항상 열린 자세 그 자체이다. 데리다는 이를 '호의'(혹은 '환대'라 번역될 수 있다)라 부른다.

호의는 새로운 것, 미지의 세계에서 오늘의 우리에게 다가오는 것에 대해 팔을 벌려 긍정적으로 맞이하는 자세이다. 인류의 미덕 가운데 하나는 낯선 이를 흔쾌히 맞이하는 것이었다. 우리의 경우 한옥의 사랑채, 농가의 사랑방은 지나가는 나그네나 손님 혹은 이웃과 친지를 맞이하는 공간으로 마련되었다. 데리다는 이러한 미덕에서 발견되는 이상을 '무조건적인 호의'라 일컫는다. 나그네에게 저녁을 대접하고 하룻밤 묵어가게 하는 것은 대가가 없는 호의이다. 진정한 의미의 호의인 것이다. 거리에서 혹은 기차 안에서 우연히 만난 이에게 길을 알려주고 이야기를 나누는 것은 어떤 대가가 있는 것이 아니다. 다시 만날 수도 없는 이들이다. 이러한 행동이 기분 좋을 수 있는 것은 오히려 그것이 어떤 보상이 없는, 다시는 반복할 수 없는 사건들이기 때문이다. 대가가 없는, 무조건적인, 그래서 진정한 의미의 선물에 해당하는 것이다.

데리다가 '호의'를 말하게 된 것은 세계적으로 늘어가는 난민문제에 대한 논의에서였다. 오늘날 코소보, 수단, 북한 등으로부터 국경을 넘어 이주해 오는 난민의 처리를 둘러싼 국제 사회의 반응은 인접국의 입장에 따라 차이를 보인다. 난민을 둘러싼 문제가 오늘날에만 있는 것은 아니었다. 가령 칸트는 보편적 인권을 갖는 인간은 국가적 경계와는 상관없이 어느 곳에든 머물 수 있다는 논리를 폈다. 이러한 원칙에 따라 그는 난민의 경우 또한 어느 나라에든 머물 권리가 있다고 확인하면서도, 동시에 이들을 받아들이는 국가의 국민 또한 거주의 권리를 갖는 바, 난민의 거주 권리는 일정 기간에 한해 허용되어야 한다고 설명하였다. 데리다 역시 칸트와 유사하면서도 여기에서 한 걸음 더 나아간 주장을 편다.

데리다는 '무조건적인 호의'가 원칙이 되어야 한다고 주장한다. 물론 각 국가는 자신들의 사정에 따라 난민의 거주 기간과 처우 등을 처리할 수밖에 없다. 하지만 데리다는 이런 경우에도 '무조건적인 호의'의 원칙은 살아 있고 또 살아 있어야 한다고 강조한다. 그에 따르면 난민 문제를 다루는 담당자는 '무조건적인 호의'라는 불가능하다는 기준으로 가능한 수준의 '호의'를 결정하게 된다는 것이다. 미셸 로카르 전 프랑스 총리가 "다른 세계에서 고통 받는 모든 사람들에게 프랑스가 거처를 제공할 수는 없다."고 말한 적이 있다. 이러한 말에 내재해 있는 궁극적 기준은 고통 받는 모든 이들에게는 거처를 제공해야 한다는 것이며, 다만 여건이 맞지 않아 그러지 못한다는 말이 되는 것이다. 데리다는 우리의 현실적 여건으로 이상적 기준을 낮추거나 용도 폐기해서는 안 된다고 말한다. 그러한 기준 자체가 현실적 여건을 가능하게 하고, 또 개선하는 지렛대이기 때문이다.

'호의'의 이상에서 알 수 있는 바와 같이 어떤 개념에는 완성된 의미가 있을 수 없는, 즉 모순이 내재되어 있다는 사실이 우리를 괴롭힐 수 있다. 하지만 이는 그러한 개념이 갖는 긍정적 차원일 수 있다. 갓난아이가 우유를 보면서 '우유'라 지칭하는 것은 아니다. 우유가 보이지 않을 때에, 우유가 필요할 때에, '우유'를 외치는 것이 오히려 더 일반적이다. 엄마가 보이지 않을 때 엄마를 찾고 부른다. 우리의 개념과 지칭은 실재하기보다는 완성되기를 원하는 차원, 달리 말하자면 수행불가능의 차원을 갖고 있고 이를 통해 수행은 촉진된다.

데리다가 미국의 독립선언서를 분석하는 방식 또한 이와 궤를 같이 한다. 우리의 3·1 독립선언서도 마찬가지이다. 독립선언서는 이미 독립한 국가를 확인하는 것이 아니라, 독립되지 못한 국가를 독립하도록 하는 선언적 의미를 갖는 것이다. 두 경우 모두 독립을 선언한 다음 독립 운동은 더욱 본격적으로 추진되었다. 독립선언서는 문자 그대로의 의미보다는 훨씬 함의와 가능성을 확보하려는 노력에 다름 아니다. 용서의 개념 또한 마찬가지 경우를 보여준다. 개인적이든 국가적이든 과거의 잘못을 용서한다는 것은 상당한 결단이 필요하다. 상대방이 후회하거나 사과하거나 등의 어떤 상응하는 행동이나 조치를 보일 때 용서할 수 있다. 화해 또한 교환적 차원의 용서이다. 이들 모두는 보상이 있은 다음 행사되는 '조건부' 용서이다. 하지만 진정한 의미의 용서는 아무런 반대급부 없이 단번에 실행되는 것이어야 한다. 한나 아렌트는 예수의 위대한 능력은 사랑보다는 용서에 있다고 언급한 적이 있다. 그와 버금가게, 용서의 앞과 뒤에는 아무런 부수 조건이 따르지 않아야 한다. 선물의 경우에서와 같이 용서 또한 쉽게 행해질 수는 없을 것이다. 하지만 순수한 의미의 용서는 인류가 행사하는 위대한 결단 가운데 하나로서 고려되어야 할 개념인 것 또한 사실이다.

호의와 용서는 미지의 가능성과 타자를 향해 있다. 이런 점에서 현실 부정적 혹은 파괴적이라고 느껴질 수 있는 해체론이 내적으로는 끝까지 내일과 타자의 여지를 남겨두고 배려하려는 윤리를 가지고 있다는 것도 알 수 있다. 하지만 여기에서도 '윤리'는 해체론 특유의 내용을 갖는다. 여기서의 윤리는 기존 윤리체계에 따른 판단과 행동과는 상당한 거리가 있다. 많은 경우 어떤 사안을 윤리체계에 따라 판단하고 행동한다는 것은 기계적 과정을 추종하는 것에 지나지 않는다. 하지만 공식적 윤리체계 즉 일반화된 윤리에 전적으로 의존하는 것은 해체론적 윤리를 충족시키는 것은 아니다. 해체론의 윤리는 윤리체계마저 넘어 스스로 결정하는 방식으

로 실천된다. 판단과 결정이 진정한 의미를 갖기 위해서는 그
것이 어떠한 주어진 체계와는 무관하게 내려져야 한다. 그런
만큼 이렇게 내린 판단과 결정은 엄중한 자기 책임이 따른다.

이를 다른 방식으로 설명한다면, 하나의 사안에 당면하여
해당 사안이 속한 일반적 특성과 함께 그 개별적 특성을 동
시에 고려해야 한다는 것이다. 물론 이 양자는 정합적일 수
도 있지만 서로 모순되는 경우 또한 많을 것이다. 하나님께서
아브라함에게 아들인 이삭을 희생으로 바치도록 했을 때, 아
브라함은 이에 순종했다. 아브라함은 아들을 죽여서는 안 된
다는 윤리와 하나님께 순종해야 한다는 특수한 상황 사이
에 놓이게 되었다. 가장 부도덕하면서도 도덕적이고, 가장 개
인적인 책임을 져야하면서도 책임을 면제받은 위치이다. 아
브라함이야말로 가장 극단적인 의미의 개별성(singularity)의 위

카라바지오 〈이삭을 제물로 바치는 아브라함〉

치에 있었다. 개별성의 위치에 처해 내린 결정에 대해 개인이 져야 할 책임은 오직 개별적인 부분이며, 실제 개인의 책임 이 발생하는 것 또한 이 개별적 부분으로 인해서이다. 내 개 별적 판단이 다른 이들에게 피해를 주는 만큼, 즉 일반적 윤 리를 거스르는 만큼만의 책임이 내게 귀착된다. 책임을 질 수 있는 문제가 발생하는 것은 주어진 윤리체계를 넘어 내가 결 정하는 행위로 인해서이다. 그러므로 책임회피를 위해 윤리 체계를 넘지 않는 것이야말로 무책임한 것이고 비윤리적인 것이다.

유럽에서 있었던 어떤 경험을 들은 적이 있다. 비행기 시 간에 늦어 택시를 탄 다음, 기사에게 사정 얘기를 했더니 제 한 속도를 넘어 달리더라는 것이었다. 아니나 다를까 경찰에 게 붙들리게 되었는데, 경찰이 다가와 무슨 급한 일이 있느 냐고 물었다 한다. 기사가 손님의 비행기 시간에 늦어 속도 를 조금 높여 달렸다고 하자 경찰이 안전 운전을 당부하며 그냥 보내주었다는 것이다. 이는 사실 흔히 들을 수 있는 얘 기는 아니다. 그리고 아무리 급해도, "5분 빨리 가려다 영원 히 빨리 간다."는 등의 격언 아닌 격언이 있는 마당에, 속도를 위반한 택시 기사나 또 이를 묵인한 경찰의 행동에 대해 여 러 가지 다른 의견이 있을 수 있다. 하지만 이 사례가 말하고 자 하는 것은 법규를 넘어 인간적인 판단이 들어 있는 인상적 경험이다. 이제 우리 사회에서 많은 경우 속도위반은 경찰보다는 무인 카메라에 의해 적발된다. 무인 카메라는 "무슨 급한 일이 있으십니까?"라고 묻지 않는다. 소리 없이 번쩍 한 다음 사진이 찍혀, 얼마의 범칙금을, 언제까지 납부하라는 지로 통지서가 우편으로 도착하는 것이 대부분이다.

막스 베버는 관료조직을 계산 가능한 것에 의한 조직이라고 분석한 바 있다. 관료조직은 철저하게 법률과 규정에 의해 조직되고 운영되며, 이 과정에서 개인의 주관적 감정과 판단은 최소화된다. 카프카의 『성(城)』의 주인공은 단지 K로 표시되며 모든 것은 문서로 처리된다. 이러한 사회에서 개인의 윤리가 개입할 여지는 없어진다. 그리고 그러한 사회 조직이 개개인의 삶에 미치는 영향력은 오웰의 디스토피아 소설 『1984』 혹은 찰리 채플린의 『모던 타임스』 등에 적나라하게 나타나고 있다. 아무리 고도로 조직화된 사회일지라도, 개인적 판단의 영역이 있고 그에 따르는 책임이 있어 진정한 의미의 윤리적 행위의 여지가 있는 사회에 대한 염원이 여기에 담겨 있다.

정의의 정치학

해체론에 담긴 윤리론은 현실 정치에 대한 상당한 제안을 담고 있다. 개인은 매순간 결단을 내리고 그 결과에 대해 책임을 회피하지 않아야 한다는 권고는 개인과 공공의 장에서 해체론의 정치학이라 할 수 있는 지평으로 연결된다. 특히 해체론의 정치학은 정의론이라 이름할 수 있다.

해체론은 정치적 공간에서 정의에 가장 높은 가치를 부여한다. 인간의 정치적 행위야말로 본래적 의미에서는 어떠한 경계도 가로지르는 행동양식을 가리키기도 한다. 이런 점에서 정치는 주어진 체계를 최대한 충실히, 효율적으로 이행하는 조직인 행정과 구별된다. 정치는 행정의 원리를 세우는 행위이고, 또 이를 계속적으로 그리고 총괄적으로 조정해가는 차원의 행위이다. 해체론은 정치의 궁극적 차원이 정의의 실현에 있다고 본다. 그리고 이 정의는 법보다도 상위의 개념으로 설정된다. 해체론은 법 역시 내재적 모순을 갖고 있는 개념이라고 보기 때문에 더욱 그렇다.

데리다에 따르면 법은 그 시작과 밑바닥에 필연적으로 폭력성을 담고 있다. 또한 법의 유지 과정은 이러한 폭력성을 은폐하면서 동시에 이를 행사하는 과정이다. 물론 여기에서도 법과 폭력은 이분법적으로 나뉘는 것은 아니다. 법은 평화를 위해 제정되는 측면이 있다. 하지만 이와 함께 거기에 부수되는 폭력성을 간과할 수도 없다는 것이다. 데리다가 법과 폭력을 논하는 다른 중요한 이유는 법이 정의를 실천하기 위한 주된 방법인 것은 사실이지만 그것으로 충분한 것은 아니라는 것을 강조하기 위해서이다. 즉, 법의 논리 내에서 모든 일이 처리된다고 해서 반드시 정의가 확보되는 것은 아니라는 점을 되새기고자 한 것이다.

이런 점에서 정의 역시 미래로 열린 개념이다. 오늘 당장에 완성되는 것이 아니라 항상 미완성으로 남아 있는 불확정의 것으로 미래에 완성될 개념이다. 이것은 어려운 개념이 아니다. 사실 앞서 말한 경찰관의 경우에서와 같이 진퇴양난, 즉 교통법규의 적용과 개인의 편의를 도모하려는 배려라는 양자는 서로에 배치되는 선택이다. 이러한 진퇴양난과 일면 결정 불가능한 상황은 법이 제정되는 최초의 시점으로 되돌아가 결정을 내리는 것에 비견된다.

어떤 평자는 이를 '순수하고 소박한 결단'이라 일컫는다. 이를 통해 해체론은 현재의 질서 체계를 넘어서서 이러한 질서를 가능하게 한 원초적 조건으로 거슬러 올라가고자 한다. 그리고 이러한 운동은 일회적이기보다는 반복적이다. 매우 추상적으로 보일 수 있는 이러한 논리는 그러나 현실 차원의 정치질서에 대해 뚜렷한 비전을 제시한다. 물론 그 뚜렷함이 어느 정도 실현 가능성을 갖는지는 의문인 것도 사실이다.

가령 데리다는 미국의 9·11테러 이후 테러리즘의 확산에 대해 자신의 의견을 개진한 바 있다. 그의 현실 문제에 대한 진단과 처방은 그가 어느 정도 계몽주의적 전통의 끝자락에 있다는 것을 알려준다. 왜냐하면 그의 정치적 이상은 칸트의 것에서 시작하고 있기 때문이다. 물론 앞서 검토했듯이 해체의 철학 역시 분명 칸트의 비판학과 닿아 있는 것도 사실이다. 철학자들이 흔히 칸트 철학을 철학사의 코페르니쿠스적 혁명이라고 부르고 있는 것은 그의 철학이 영국의 경험론과 대륙의 합리론을 종합했다는 위업을 달성했기 때문이다. 세계를 파악하는 데 있어 경험을 강조하는 경험론과 이성을 강조하던 합리론은 첨예한 대립 속에 있었다. 칸트는 흄(David Hume)에게서 보이는 경험할 수 없는 것에 대한 극단적 회의와 데카르트에게서 보이는 이성에 대한 무한한 신뢰를 종합하였다. 그는 인간의 경험이 지식을 낳지만 이러한 지식을 구성하는 방식은 시공간과 같은 인간의 선험적 범주에 기초한다는 종합을 완성해냈다. 가령 사물에 대해서도 사물이 드러나는 현상을 알 수는 있지만 그 자체로의 본래의 모습은 알 수 없다.

이성에 대한 칸트의 프로젝트는 그 능력을 인정하고 또 비판하면서 한계지우는 것이었다. 칸트의 정치적 견해 또한 정치적으로 주어져 당연시된 것에 대한 한계지우기라고 설명될 수 있다. 칸트는 정치 영역이 아직 보편적 이성의 차원에 이르지 못하고 있으며, 그래서 현 단계의 정치 현실을 최소한 보편적 이성 차원의 수준으로 옮아가도록 해야 한다는 견해를 갖는다. 그의 영구평화론(Pax Perpetua)은 보편적 이성에 버금가는 기준에서 국가적 주권의 한계를 지적하고 있다. 이러한 그의 생각이 지난 세기에 국제연맹과 국제연합으로 구체화되는 데에 기여한 것은 사실이다.

데리다의 테러에 대한 생각은 상당 부분 칸트에서 예고되어 있다. 한편으로 그는 테러 혹은 테러리즘이 정확한 용어인지에 대해, 그것이 모호한 개념임에도 불구하고 어떻게 확실한 적대적 개념으로 정립되었는지를 검토해야 한다고 설명한다. 다른 한편으로 그가 더욱 주목하고자 하는 것은 국가적 주체성이라는 개념에 대한 해체이다. 여기에는 국가, 국가의 법, 그리고 국가를 중심으로 형성된 국제법이다. 그는 이들에 대신해 한층 다각적이고 시민 사회적이며 세계주의적인 공동체를 상상하고 추진해야 한다고 주장했다. 그리고 이런 가운데서 표출되는 갈등에 대해서도 '관용'이 갖는 한계를 넘어 '호의'를 주문한다. 이것은 법과 폭력의 상호관계, 즉 현실적 권위를 갖는 법 역시 그 내적 논리는 순수하기보다는 폭력과 부단한 관계 속에 있다는 것을 이해하는 가운데 나오는 호의이다.

해체론은 국가 중심의 체계를 벗어나 훨씬 다원적이고 개인적인 열림이 여러 겹으로 중첩된 가운데 생성되는 국제 질

서를 지향하며, 국내적으로만이 아니라 국제적으로도 민주
주의에 대한 독특한 견해를 가지고 있다. 그것은 앞에서 살
펴본 후쿠야마의 민주주의론과는 상당히 다른 차원에서 전
개된다. 프랑스의 철학자 낭시(Jean-Luc Nancy)는 데리다의 해
체론의 영향 속에 공동체 개념에 대한 문제를 제기하고 그
보완점을 제시한 바 있다. 물론 낭시가 공동체에 대해 논
의하게 된 것은 그의 전 시대 혹은 같은 시대 철학자인 바
타이유(Georges Bataille, 1897~1962)와 블랑쇼(Maurice Blanchot,
1907~2003), 그리고 라바르트(Philippe Lacoue-Labarthe, 1940~)
의 영향도 무시할 수 없다. 더불어 데리다의 영향은 지대한
것이어서 데리다의 민주주의론을 낭시가 제시한 공동체론
의 연장선에서 상당부분 설명할 수 있을 것이다. 낭시는 사회
(society)와 공동체(community) 사이에서 공동체를 논의하는데,
그것은 구성원간의 결집력이 한층 강조되는 공동체라는 개
념은 사회라는 개념이 갖는 문제점을 잘 드러내기 때문이다.
공동체는 그 구성원이 서로 공유하는 어떤 이념이나 원칙을
공유하는 집단을 가리킨다. 구성원의 동일성을 강조하는 이
러한 공동체 개념이 문제시되는 것은 나치즘과 같은 전체주
의적 정치체제로 귀착한 역사적 경험만이 아니라, 현 시점에
서 개인의 다양성을 위협하는 사회적 동화(同化)에의 압박으
로 인해서이다. 이런 점에서 공동체의 이념과 원칙이 없는 가

운데 공동체를 구성하고 유지해 나갈 수는 없을까? 가령 단군신화나 한국사가 없이 한국이라는 공동체를 유지해 나갈 수는 없을까?

낭시는 이념과 원칙의 합의에 의해 구성되는 공동체를 하나의 작품으로서의 공동체라 정의하면서, 이와는 다른 모형의 공동체를 작품이 아닌 공동체라 부른다. 공동체는 많은 신화와 이야기 그리고 애정 등에 의해 하나의 빼어난 예술 작품처럼 완성된다. 낭시는 구성원간의 일치된 준거가 없는 공동체가 어떻게 성립할 수 있는지에 대해서는 데리다의 차연의 논리를 빌려 설명한다. 차연의 논리 속에서 공통점과 차이점은 하나의 연장선 혹은 동전의 이면과 같이 존재한다. 그것은 구성원 사이의 공통점을 강조하는 것 못지않게 차이점을 포용할 수 있는 공동체를 지향한다. 여기에서는 구성원의 개체성(individuality)보다는 개별성(singularity)의 개념이 모색된다. 여기에서 개별성은 집단성과 대립되는 위치보다는 타인과의 (긴장) 관계 속에서 파악되는 개념이고자 한다. 타자와의 관계, 즉 유사성과 차별성이 함께하는 관계 속에서 파악되는 것이 개체성이기 때문이다.

해체론의 민주주의를 이해하기 위해서는 또 데리다의 우정에 대한 논의를 언급하지 않을 수 없다. 그는 아리스토텔레스, 몽테뉴, 그리고 니체 등이 말했다고 전해지는 "오 친구여, 친구란 없다."라는 모순된 언명에 대해 매우 긴 논의를 하고 있다. 친구에게 친구란 없다는 말은 어떤 의미를 갖는가? 데리다의 설명에 따르면, 여기에는 한층 완벽하고 순수한 의미의 친구와 우정에 대한 기대감이 담겨 있다. 모든 단어의 의미에서 그렇듯 여기에서의 친구와 우정은 오늘의 현실에서는 이루어질 수 없는 소망을 담고 있는 단어이다. 이러한 친구 그리고 우정은 그 내적 에너지에 있어 오늘의 현실을 한층 넘어가는 차원을 갖고 있다. 친구는 적을 만들고, 그런 만큼 적은 친구를 만드는 것이 필연적 논리인가? 친구에 들어 있는—특히 데리다의 해체론이 추구하는—차원은 이러한 대립하는 쌍의 논리를 넘어서는 것이다. 국제관계 있어서 해체론이 제안하고자 하는 질서도 이와 멀지 않다.

데리다의 민주주의는 오늘의 현실에서 완성된 개념이나 형식이 아니다. 친구나 우정의 개념처럼, 오늘의 민주주의에 대해 "오 민주주의여, 민주주의는 없다."라는 말을 건네야 한다. 민주주의는 후쿠야마에서처럼 완성된 형식이 아니라, 그와는 전혀 다른 의미와 차원에서 미완의 것으로, 미래에 그 순수성과 완전성이 이루어지는 프로젝트로 지속되어야 하는 것이다.

해체 건축

　해체론은 여러 분야에 영향을 미쳤다. 위에서 일부 언급한 바와 같이, 문학과 문학비평, 문화이론, 정치학, 법학, 신학, 미술, 건축, 패션 등에 영향을 끼쳤다. 이 가운데 한 예로 건축에 끼친 영향을 살펴보고자 한다. 해체론은 자칫 무엇을 건설하기보다는 무너뜨리는 것으로 여겨질 수 있는데, 이런 점에서 건축에서 해체론이 구현하고자 하는 바를 살펴보면 그 의의가 더욱 분명해지기 때문이다.

　우리나라에서 해체 건축으로 명명되고 가장 쉽게 접근할 수 있는 예는 서울 강남구 삼성동 코엑스 빌딩 건너편에 위치한 현대산업개발 신사옥인 아이파크 타워(혹은 접선/탄젠트)일 것이다. 설계자는 해체 건축의 대가로 손꼽히는 폴란드

아이파크 타워

출신의 미국 건축가 리베스킨드(Daniel Libeskind)이다. 대표적 작품으로는 불규칙한 지그재그 모양의 베를린 유태인 박물관이 있고, 9·11사태로 무너진 세계무역센터 자리에 세우는 프리덤 타워를 설계하는 것으로 결정된 건축가이기도 하다. (리베스킨드와 함께 해체주의적 건축가로는 스페인 빌바오의 구겐하임 미술관을 설계한 게리(Frank Gehry)를 들 수 있다. 그에 대해서는 『프랭크 게리 : 최초의 해체주의 건축가』(살림지식총서 129, 이일형)를 참고할 수 있다.) 아이파크 타워의 외관은 전형적인 네모난 건물에 커다란 원이 붙어 있고, 좌측 하단에서 비스듬히 네모난 기둥이 건물 내부를 관통해 올라가고 있다. 원 안에는 다섯 개의 막대가 불규칙하게 걸쳐 있고 여러 개의 붉은색의 네모들이 배치되어 있어 마치 둥근 당구대 안에 큐대와 네모난 당구공이 널려 있는 것을 연상시키기도 한다.

구겐하임 미술관

현대산업개발은 이를 두고 "해체주의 작품으로는 국내 대형빌딩 사상 처음"이라고 밝힌 바 있다. 이렇게 말할 수 있는 이유는 여러 가지 측면에서 찾을 수 있다. 가장 눈에 띄는 특징은 건물의 외관이 갖는 장식적 측면일 것이다. 하지만 그 장식은 장식으로만 머물지 않고 오히려 건물 자체를 지배하는 주제가 된 듯한 느낌을 주기에 충분하다. 하지만 그것이 주제가 되어도 장식적인 느낌 또한 떨칠 수 없다. 이렇게 장식적 평면은 오히려 건물을 껴안은 듯 붙어있을 뿐만 아니라, 이차원에서 삼차원으로 공간성을 획득해 나가는 듯하다. 이를 포함해 전체적으로 건물의 안팎은 색상과 모양에 있어 여러 가지 비대칭적이고 이질적인 것들이 불완전하게 함께 있으면서 아직은 최종적 배치를 찾아 움직이는 긴장감을 연출하려는 듯도 하다. 일면 이제까지의 건축에 대한 뻔뻔한 표정 혹은 혐오감을 표현하고 있는 것 같이 보인다. 하지만 이 건물은 분명 건물이라는 특성이 완전히 와해된 모양이 아니다. 건축 관계자들은 이 건물이 하늘과 땅을 연결하는 의미를 담고 있다고 밝힌 바 있다. 리베스킨드는 원이 자연을, 직선이 기술을 상징하면서 이 둘이 상호 밀접한 관계에 있음을 보여주고자 했다고 한다. 어떻든 다른 건물과의 차별성 속에 의미 있는 건물을 짓고자 한 설계자의 의도 속에는 원과 네모가, 자연과 기술이 이분법적이기보다는 상보적으로 있다는 것에 우리는 주목할 필요가 있다.

우리나라에 아이파크 타워 이전에 해체적 성향을 갖는 건물이 없었던 것은 아니다. 가령 서울 종로구 소격동에 위치한 국제 갤러리 빌딩에서도 어느 정도의 파격을 느낄 수 있다. 배병길이 설계한 이 건물은 국제 갤러리의 홈페이지(http://www. kukje.org)에서 확인할 수 있는데, 두드러진 특징은 특히 중심부에 기존의 건물에서와는 달리 매우 불규칙적인 유리 면들이 약간은 산만한 듯 배열되어 있다는 것이다. 물론 그 질감과 구도가 해체적인 수준에 이르고 있는 것은 아니다. 해체 건축가 게리가 자신의 집을 개조한, 전형적인 해체적 시도로 여겨지는 게리의 집(Gehry House)과 이를 비교해 보면 더욱 분명하다. 게리의 집은 부조화와 불균형을 넘어 전혀 마감되지 않은, 혹은 이런 저런 건축자재를 그저 세워 놓은 것과 다를 바 없는 외양을 가지고 있다. 이 '천박한' 재건축은 건물은 완성되어 있는 것이어야 한다는 '고상한' 생각을 해체한다. 이에 비하면 국제 갤러리는 전통적 건축에서 약간 벗어난 파격 정도의 신선함을 추구한 수준에서 해체적 성향을 가지고 있다고 할 수 있다.

게리의 집

해체적 건축이 되기 위해서 반드시 본격적인 해체주의적 건축일 필요는 없다. 이제 이 생각은 파편적으로 건축 설계에 스며든 경우가 많고, 우리 건축의 경우에도 의미 있는 발자국을 남기고 있다. 그 대표적 예가 서울 서대문구 대신동 이화여대 후문 부근에 위치한 김옥길 기념관이다. 김인철이 설계한 이 건물은 고(故) 김옥길 이화여대 총장을 기리기 위한 아담한 공간이다. 외관상의 가장 두드러진 특징은 노출된 콘크리트 벽에, 면이 몇 개로 나뉘어 열린 형태를 취하고 있다는 것이다. 마치 여름 한옥의 대청마루 문을 천장이 아니

김옥길 기념관

라 세로로 열어젖힌 듯하면서도, 그 개방성은 차원을 달리한다. 벽이 열린 형태는 무엇보다도 안과 밖이라는 이분법을 해체한다. 면은 기둥이 되고 지붕이 되면서 안을 여는 역할을 한다. 건물의 전후면은 서로 통해 있다고 볼 만큼 투명하다. 건물의 공간은 벽이 가두어 만들기보다는 오히려 공간이 통과하는 통로쯤으로 보일 뿐이다. 그만치 내부 공간은 외부 공간과 구별되지 않거나 서로의 차이와 유사점이 연계되어 있다.

김옥길 기념관은 어쩌면 이름뿐이다. 내부에는 찻집이 들어서 있기 때문이다. 일반적 기념관이라는 공간에서 느낄 수 있는 것이 여기에 있다면 그것은 차분하고 환한 분위기 정도이다. 이곳이 기념관임을 알 수 있는 지표는 건물의 이름과, 외벽에 설치된 선생의 부조 정도에 지나지 않는다. 내부에 김옥길의 자료나 일생에 대한 전시 공간은 전혀 없다. 주로 학생들이 편하게 와서 이야기를 하고 책을 볼 수 있는 공간을 지향하는 기념관이다.

건축가 김인철은 이후 이 건물의 건축 과정을 담은 소책자인 『김옥길 기념관』(2000)을 발간하였는데, 첫머리에 그는 이렇게 적고 있다.

김옥길 기념관에는

선생을 기리는 어떤 것도 갖추어져 있지 않다.

그곳에는 공간이 있고, 그곳에 사람들이 머물 뿐이다.

차를 마시거나 그림을 보거나 대화를 나누는 그런 곳이다.

선생은 아무런 간섭도 하지 않는다.

다만 그곳은 선생이 계셨던 곳이며,

그래서 흔적이 살아 있는 곳이다.

기억들을 이어주는 시간의 마디를 위해

애써 만든 것은 아무 것도 만들지 않은 듯

있어도 드러나지 않는 없음의 공간이다.

흔히 해체론의 정신을 노장사상이나 불교사상과 비교하기도 한다. 이것은 또 다른 논의를 필요로 하는 중요한 주제다. 무(無)와 공(空)의 사상은 이분법적 체계의 해체를 말하는 해체론과 상당히 유사한 측면이 있다. 하지만 노장이나 불교의 무와 공에 대한 사유가 해체론이 헤아릴 수 없는 깊이를 보여주고 있다면, 해체론은 유와 무, 색(色: 현상 혹은 일체)과 공의 논리적 모순과 그 긴장 관계에 의해 설정되는 순수한 미래에로 오늘의 현실을 개방하려는 프로젝트이다. 앞에서 말한 바와 같이 그 주장과 이들이 밟아온 정신사 그리고 지향점을 상호 비교하는 논의가 필요한 시점이다.

노자의 『도덕경』(11장)에 이런 구절이 있다. "진흙으로 그

룻을 빚지만 정작 쓰는 것은 텅 빈 부분이고, 문과 창을 내어 방을 만들지만 정작 쓰는 것은 텅 빈 부분이다." 건물은 공간을 담아내는 방식이다. 공간을 담아내는 방식이 바로 그 건물의 가장 중요한 의미를 결정한다. 김옥길 기념관은 학생들과 일반인이 들어와 만나고 이야기하고 책을 읽고 공상을 하는 공간을 담아내고 있다. 이것들이 바로 기념관 안의 자료와 기념물이 되고 있다. 기념관과 찻집이 어울리지 않는 것이 아닌가라는 생각을 재고해야 할 이유가 여기에 있다.

리베스킨드는 건축을 단지 기술의 문제가 아니라 인문과학이라고 말한다. 인문과학 가운데서도 해체론은 건축이 기존 의미에서의 완성된 구조나 공간이기보다는 우리가 무한히 열어 나가야 하는 아직은 미완의, 완성되어가는 공간이기를 제안한다. 건축가 김인철의 말을 빌자면, "공간은 가두어지지 않는다. 그 무한함에 대해 구축은 유한한 장치일 뿐이다."

포스트모더니즘

체계적이고 위계적인 구조를 벗어나 바깥과 타자를 상정하고 이를 향해 나아가는 해체론의 주요 논지는 앞서 설명하였다. 그런데 여기에서 제기될 수 있는 의문 가운데 하나가 일반적으로 잘 알려진 포스트모더니즘과 해체론과의 관계이다. 이에 대해서는 해체론이란 넓은 의미의 포스트모더니즘의 한 현상이라고 대답해야 할 것이다. 포스트모더니즘은 모더니즘에 대한 반성과 반발을 바탕으로 한다. 모더니즘이란 근대의 이념이라고 할 수 있는데, 그것은 한마디로 이성에 기초하여 삶과 사회를 조직하려는 이념이다. 이러한 이성 중심주의는 필연적으로 감성에 대해 상대적으로 우위를 차지하는 시스템을 구축하게 된다. 포스트모더니즘은 1960년대 무렵부터 이러한 근대의 이념에 대해 여러 분야에서 반성하고 반발하는 운동들을 포괄하는 이름이다. 포스트모더니즘은 다양한 분야에 뿌리 깊게 자리 잡은 위계적 질서와 이분법들을 해체하고자 한다. 해체론은 포스트모더니즘의 논리가 첨예화·철학화된 면모를 갖는다. 포스트모더니즘이 치밀한 논리적·철학적 이념이기보다는 넓은 의미의 문화적 운동 내지는 활동으로 실천되고 있다면, 해체론은 훨씬 방법론적이고 형이상학적인 차원에서의 사유방식이라고 할 수 있을 것이다.

흔히 후기구조주의와 탈구조주의라는 개념 또한 볼 수 있다. 구조주의의 논리가 첨예화되는 한편 그에 따라 구조주의에 대한 반성을 담고 있는 사조가 후기구조주의이다. 탈구조주의는 후기구조주의와 대동소이(大同小異)하지만, 같은 용어

(Poststructuralism)의 다른 번역으로서, 구조주의에 대한 반성에 더 역점을 두는 사조이다. 포스트모더니즘은 구조주의 자체를 모더니즘이 가장 발달한 단계의 방법론이자 이념으로 받아들인다. 이런 점에서 포스트모더니즘은 후기구조주의와 탈구조주의를 포괄하면서 넓은 사회문화 영역에서 근대에 대한 포괄적인 반성적 활동을 전개해 나간다. 해체론은 이에 대한 가장 예민한 철학적 사유이다. 데리다의 후기 사상은 특히 포스트모더니즘과 해체론 전반에 제기되어 온 의문, 즉 이들이 구조와 질서를 파괴하고, 인류의 모든 제도에 대해 회의하며, 삶과 사회에 대한 책임성을 가볍게 여기는 비윤리적 탐미주의라는 비판에 대해 답하고자 한 것으로 평가할 수 있다.

포스트모더니즘이 기존 체계와 질서로부터 일탈하고자 하는 의욕은 극단적인 개인주의적 성향을 낳은 것이 사실이다. 이런 점에서 포스트모더니즘은 집단의 윤리·도덕적 규율에 대한 저항적 자세와 함께 개인적 자유와 만족을 추구하는 것으로 보였다. 이러한 포스트모더니즘의 자세에는 개인이 어떻게 살아가야 할 것인가, 즉 자신의 삶에 대해 자신이 어떤 결정을 할 것인가에 대한 질문과 대답이 우선한다. 이런 점에서 포스트모더니즘의 윤리학은 자신에 대한 윤리학이다. 그리고 그 윤리학은 주어진 체계나 공식에 의해 자신의 삶을 설계하는 것이 아니라 최대한 자신의 의지와 욕망을 반영하고 개별성을 살린다는 점에서 삶에 대한 미학적 접근이라 할 수 있다.

포스트모더니즘의 이러한 개인적 윤리학과 미학의 범람에 대해 우려하는 목소리가 높았다. 사실 포스트모더니즘이 사회윤리를 결여하고 있어, 사회체계의 와해를 야기하고 있다는 비판이 그에 대한 가장 뼈아픈 것이기도 했다. 물론 여기에는 어느 정도 오해도 있다. 궁극적으로 포스트모더니즘은 개인차원의 윤리와 미학의 완성을 통해 한층 개인적 자유가 충만한 사회를 이끌어낼 수 있다는 신념이 있는 것도 사실이기 때문이다. 미시적 차원에서 개인적 자율성의 확대만이 거시적 차원에서 자유가 충만한 사회를 보장해 줄 수 있다는 것이다. 하지만 이러한 미시적 차원의 최대화가 거시적 차원의 최대화를 가져올 수 있는지에 대해서는 의문시될 수밖에 없었다.

데리다의 후기 해체론은 특히 이러한 포스트모더니즘의 지나친 개인주의적 성향에 대한 수정안이라 할 수 있다. 해체론의 정의론은 이와 같은 상황에 대한 한 답변이기도 하다. 법은 사회의 질서를 유지하고 정의를 실현하기 위한 장치이다. 어떤 사안이 발생한 경우 이를 법에 의거해 판단하는 것이 재판이다. 하지만 포스트모더니즘, 특히 해체론은 오늘의 우리가 법과 같은 제도에 과도한 보편성을 부여하고 있는 것이 아닌가를 의심하였다. 즉, 법의 안정성을 지나치게 신뢰하는 한편, 개별적 사안이 갖는 특수성을 과도하게 무시하고 있다는 이의를 제기한 것이다. 이에 대해 해체론은 법의 보편성과 개별 사안의 개별성 사이의 메울 수 없는 긴장관계가 지속되는 한에서 정의는 실현될 수 있다고 본다. 이러한 긴장관계 속에서 끊임없는 재검토와 고민으로 판단되는 정의는 순수한 개인적 차원을 넘어서고, 오늘의 조건을 넘어서며, 이런 점에서 미래라는 타자를 기준으로 한 판단이다. 해체론은 선물과 우정 그리고 민주주의라는 개념에서 그 개념을 넘어서는, 현재는 충족되지 못한 이상과 미래가 담겨있음을 보았다. 그것은 개인의 자아에서도 스스로를 넘어서는 관계와 잉여 그리고 이상과 미래가 있음을 지적한다. 해체론은 포스트모던의 개인적 윤리학과 미학을 미래를 향한 미완성과 타자에 대한 무한 책임의 윤리학으로 진화시켰다.

덧붙여 해체론이 포스트모더니즘의 철학화라고 할 수 있다는 것에 대한 부연 설명이 필요하다. 해체론은 분명 포스트모더니즘의 논리를 매우 철학적으로 파고들고, 또 이를 매우 극단적으로 전개한 측면이 있다. 그래서 해체론은 지극히 철학적인 담론으로 보이는 것이 사실이다. 하지만 그 논리 전개의 방식, 특히 데리다의 방식은 논리정연하기보다는 매우 수사적이고 반복적이며 많은 예로 가득 차 있다. 그가 이러한 방식으로 철학에 상당한 유연성을 주어 도출해내는 결론역시 철학적이기보다는 문학적이라는 평가마저 가능하다. 초기 저술부터 데리다는 철학의 문학화라는 비난을 감수해야했지만, 그의 이론은 철학에 내재한 논리의 모순과 주관성그리고 특수성을 증명해내는 데 어느 정도 성공했다고 할 수있다. 이런 점에서 해체론이 포스트모더니즘의 철학화라고만말할 수는 없을 것이다. 해체론은 철학적이기보다는 문학적혹은 문화적인 차원에 걸쳐있고, 그런 만큼 우리의 일상사에상당히 의미 있는 시각을 제공할 수 있다. 해체론은 주어진것에 대한 재점검을 요구한다. 우리 문화와 관련된 두 가지에피소드를 생각해 보자.

마지막 두 에피소드

홍동백서 조율이시

명절이나 제삿날이면 어려서부터 자주 들어온 구절이 있다. 홍동백서(紅東白西)와 조율이시(棗栗梨柿)가 그것이다. 제사상의 진설(배열)을 사과와 같은 붉은 것은 동쪽에, 배와 같은흰 것은 서쪽에 하고(홍동백서), 왼쪽부터 대추, 깎은 밤, 배,곶감 순으로 한다는 것이다(조율이시). 이것은 예법의 일부에 지나지 않는다. 동쪽에는 어류, 서쪽에는 육류를 놓는다는 어동육서(魚東肉西), 생선의 머리는 동쪽을, 꼬리는 서쪽을 향해 놓는다는 두동미서(頭東尾西), 좌측에는 마른 포를, 우측에는 식혜를 놓는다는 좌포우혜(左脯右醯) 등도 이어진다. 여기에서 동서남북은 신위(神位)를 기준으로 하며(主神位 右東西左), 실제 물리적 방향이 어디든 신위가 모셔진 곳이 북쪽에 해당하고, 신위를 바라보는 사람을 기준으로 한 우측이 동쪽에 해당한다.

이러한 진설은 음양오행사상을 반영하는 것으로 설명되어 왔다. 동쪽은 해가 뜨는 곳으로 붉은 기운을, 서쪽은 해가 지는 곳으로 하얀 기운을 갖는다는 것이다. 이러한 우주의 원리는 이승과 저승, 산 자와 죽은 자의 영혼을 이어주는 기호이자 문법이라고 평가되기도 하였다. 그러나 우리는 이러한 법칙이 매우 세세하면서도 곧잘 흔들린다는 것을 알 수 있다. 세밀해서 기계적이고 쉬울 것도 같지만 현실적으로는 너무 복잡해 오히려 지키기 어려운 것이 사실이다. 그래서 지방이나 집안마다 진설의 방식에 차이가 날 수밖에 없다. 오죽했으면 "남의 제사에 밤 놔라 대추 놔라 한다."라는 속담이 있겠는가?

서울의 사대문

서울은 매우 이데올로기적 공간이었다. 서울, 그러니까 한양은 매우 계획된 도시였다. 그 도시계획은 유교사상을 근간으로 하여, 유교 사상에서 사람이 해야 할 다섯 가지인 인의예지신(仁義禮智信)의 오행(伍行)을 구체적 물체로 형상화하였다. 그래서 동쪽에 인을 드높이자는 흥인지문(興仁之門), 서쪽에 의를 돈독히 하자는 돈의문(敦義門), 남쪽에 예를 숭상하자는 숭례문(崇禮門), 그리고 북쪽에 지를 넓히자는 홍지문(弘智門)을 사대문으로 삼고자 했던 것이다. 2006년 봄 일반 국민들에게도 공개된 숙정문(肅靖門)은 원래 조선의 개국공신 정도전이 홍지문(弘智門)이라 하려 했는데, 백성들의 지혜와 지식이 늘어나면 나라가 위험한 것을 알았는지 이를 숙청문(肅淸門)이라 달리 이름 짓고 거의 닫아놓았다. 중종 이후 숙정문으로 불린 이 문 대신 숙종은 다른 곳에 있던 북한문(北漢門)을 아예 홍지문(弘智門)으로 삼았다. 북한문 즉 홍지문은 현재 상명대 아래편의 세검정에, 더 정확히는 흥선대원군의 별장이었던 석파정(石坡亭) 부근에 있다.

하지만 한양의 사대문을 평양에서 보면 다 남대문 아닌가. 대전에서 보면 다 북대문이고. 사대문 안에서 봐야 사대문이다. 그래서 한가운데 세운 것이 바로 보신각(普信閣)이다. 보신각은 세조 때 세워진 것으로 알려져 있다. 그것이 순탄치 않게 안정을 찾은 세조 시대인 것도 우연치는 않은 것 같다. 널리 믿도록 한다는 이름의 보신각, 신(信)자는 사람 인(人)과 말씀 언(言)으로 이루어진 것이니 사람 말을 널리 믿어야 한다는 것이다. 사람 말을 믿어야 인의예지가 성립한다는 것이다. 인의예지는 사람의 말로 이루어진 것이고, 신의로 이루어진 것이다. 한양은 지리적 공간 못지않게 이데올로기적 공간이었다. 이데올로기란 사람의 말, 요즘 말로는 담론으로 구축된 인위적 체계이다. 새해에는 보신각 종을 33번 친다. 종도 그렇지만, 타종 횟수 또한 불교적 우주관에서 나온 것이다. 불교에서 우주는 33겹으로 되어 있다. 우주 끝 모든 곳까지 종소리가 울려 퍼지도록 33번을 치는 것이다. 독립선언서에 민족대표로 33인이 서명한 것도 이것과 연관이 있을 것도 같다.

홍동백서와 사대문의 원리는 원래의 우주적 질서로 돌아가 보면 설득력이 있다. 혹자는 이를 복잡하고 구태의연한 형식이라 말할 것이다. 여기에서 '형식'이란 원래 반드시 부정적 의미만을 갖는 것은 아니었다. 형식은 사람의 마음이나 사회적 내용을 묶어내는 방식이다. 인사가 그렇고 의복이 그렇다. 형식이란 틀이라는 명사적 의미도 있지만 '틀을 부여하다'라는 동사적 의미도 있으며, 오히려 원래는 동사적 의미를 가진 다음 명사적 의미로 정착되었다고 보아야 한다. 영어에서의

'형식(form)' 역시 명사적 의미와 동사적 의미를 동시에 가지고 있다. 지금은 주로 명사적으로 사용되지만 동사적으로 사용되는 경우 생동감은 잊히지 않고 있다. 내용이 있고 이를 형식으로 담아내는 경우–진흙이 있고 이를 그릇으로 만들어가는 경우–가 우선 떠오를지 모르지만, 형식이 내용을 만들어가는 경우는 의외로 망각하기 쉬운 듯하다. 유가(儒家)에서 몸가짐을 정중히 하도록 하는 것은 몸이 정신을 표현하는 것이기 때문이며, 몸가짐이라는 형식이 마음이라는 내용을 만들어 내는 것이기 때문이다. 의관을 정제하고 장난을 치는 것은 쉽지 않을 것이며, 알록달록한 옷을 입고 곡을 하기도 쉽지 않을 것이다.

대개 내용과 형식은 대비되는 것으로 생각되어 왔다. 이에 대한 이분법적 대비나, 어느 한쪽이 다른 한쪽에 대해 우위에 있는가를 들여다보면 그 위계나 순서는 곧 바뀐다. 이렇게 내용과 형식이 만난 최초의 순간은 행복한 '원조적' 순간이었다. 해체론은 이렇게 명사적 상황에 감춰진 동사적 움직임을 복원하고자 하는 것으로 설명할 수 있다. 이러한 동사적 움직임을 통해 명사적 의미가 지속적으로 생명을 갖고 의미의 잉여를 낳아가길 바라는 것이다. 홍동백서의 형식도 가장 풍성한 의미의 형식이기를 그친 것은 그것이 동사적 형식이기를 그친 것에 기인한다.

제사상과 사대문은 조그마한 제사상과 조금은 큰 서울이라는 공간을 한층 광대무변한 우주적 공간의 법칙 속에 조성하고자 하는 의지, 즉 작은 공간을 그 너머의 한층 더 큰 공간이라는 열린 타자의 공간 속에 인지하고 규율하고자 하는 의지를 담고 있다. 여기에는 이곳이라는 작은 공간과 저곳이라는 넓은 공간을 서로 연결시키고자 하는 욕망이 있다. 마치 불교에서 윤회사상이 이승과 저승이 서로 다르면서도 연결되어 있다는 원리를 말해주고 있는 것과 같다. 하지만 이들 원리에서 지향하고자 하는 우주적 원리 역시 진정으로 광대하거나 우리의 이념적 차원을 넘어서 있는 것은 아니라는 것 또한 분명하다. 그 역시 하나의 담론에 지나지 않는다. 오늘의 우리가 실감하고 있는 것은 이러한 원리가 더 이상 작동하지 않는 모습이다.

해체론이 지칭하는 타자는 우리의 담론 너머의 가능성으로 존재한다. 그것이 구체적 모습으로 드러나는 경우가 있다면 그것은 일회적인 예와 은유의 형태에 지나지 않으며, 또 다시 가능성으로 물러나는 그러한 존재이다. 이런 의미에서 제사상과 사대문에서 도입한 한층 넓은 원리들 역시 우리의 삶이 역으로 설정한 원리에 지나지 않는다는 인식 속에, 굳어진 형식이 되지 않도록 하는 부단한 문화적 재고가 필요하다. 해체론은 오늘 우리의 삶과 논리가 미래의 가능성을 제

한하거나 당장에 소진해 버리는 상황, 즉 오늘의 논리가 내일의 희망을 선점하고 식민화하는 상황에 대한 부단한 경계심을 담고 있다. 우리의 앎의 구조로는 알 수 없는 그러한 영역을 설정하고, 그것을 진정으로 모르는 영역으로 상정하면서, 이러한 밖의 관점에서 오늘에 대해 매우 어려운 주문을 하고 있는 것이다.

도널드 럼스펠드 전 미 국방장관의 이라크에 대한 언급을 예로 들어보자. 미국이 2003년 봄 이라크를 공격하기 위해 내건 명분 가운데 하나는 이라크가 대량살상무기(WMD)를 어딘가에 숨겨놓고 있다는 것이었다. 2002년 2월 럼스펠드는 이라크가 그것을 갖고 있다는 명확한 증거는 없으나 모두가 아는 사실이라는 것을 다음과 같이 주장한 바 있다.

아직 밝혀지지 않은 부분이라는 보도가 내게 항상 흥미로운 이유는 우리가 알려진 주지의 것들이 있다는 것을 알고 있기 때문이다. 세상에는 우리가 알고 있다고 아는 것들이 있다. 또한 우리는 주지하는 미지의 것들이 있다는 것도 안다. 다시 말해 우리가 알지 못하는 것들이 있다는 것을 알고 있다. 하지만 세상에는 알려지지 않은 미지의 것, 즉 우리가 알지도 못한다는 것을 알지 못하는 경우 또한 있다.

Reports that say that something hasn't happened are always interesting to me, because as we know, there are known knowns. There are things we know we know. We also know there are known unknowns. That is to say we know there are some things we do not know. But there are also unknown unknowns – the ones we don't know we don't know.

이 알 듯 모를 듯한 말로 럼스펠드는 바른 영어를 지향하는 미국 시민단체로부터 올해의 횡설수설 상을 받기도 했다. 최대한 그의 의중을 파악해 본다면, 세상에는 우리가 명백히 말하거나 알 수는 없지만 우리 모두가 존재하는 것으로 동의하는 것이 있다는 취지의 말로 생각된다. 럼스펠드가 이렇게 설정하고 있는 미지의 영역은 언뜻 해체론이 말하는 미지의 가능성이라는 영역과 상당한 유사점이 있는 것이 아닌가 생각할 수도 있다. 그만큼 해체론의 중심 논리는 논리적이기보다는 수사적이고 또 모순적으로 보일 수 있기 때문이다. 하지만 럼스펠드의 말은 오히려 해체론이 가장 경계하는 바를 언급하고 있는 좋은 예로 보아야 한다. 무엇보다도 럼스펠드는 그 어떤 미지의 것이 이미 우리 모두가 동의하고 추측할 수 있는 미지의 것임을 강조하고 있다. 이라크가 대량살상무기를 숨기고 있다는 것은 우리가 밝힐 수 없고 인지할 수도 없지만 그것이 거기에 있다는 것은 우리 모두가 동의하고 있다는 것이 그의 논리이다. 바로 이 부분이 해체론이 어떠한 경우에도 미지의 타자로 남기고자 하는 영역, 혹은 차원과 근본적인 차이점을 보이는 부분이다. 럼스펠드의 미지와 타자는 주지의 것과 자신의 논리에 기반하고 이를 투사하여 설정하고 있다면, 해체론은 오히려 그와 다른 방향에서 자신과 주지의 것 그리고 오늘을 반성하고 수정하고자 한다.

이런 점에 있어서, 해체론이 오늘의 우리에게 이야기하는 것은 부단한 자기반성이라 할 수 있다. 그것은 우리가 소중히 여겨온 전통과 문화와 여러 가지 체계적 논리를 포함한다. 가령, 문화에 있어 더 소중한 것은 외적으로 이루어 놓은 것보다는 문화적이라는 창조적 과정이다. 그리고 그것은 개인의 삶에 있어서도 부단한 자기반성과 창조적 파괴의 과정 가운데 미래를 향해 열린 마음가짐 속에, 미래를 향한 약속을 통해 오늘의 삶을 탈피해 나가기를 권한다.

더 읽어 볼 자료

해체론을 이해하기 위해서는 무엇보다도 해체론의 대표적 철학자인 데리다를 이해할 필요가 있다. 그리고 이 대가를 이해하기 위한 많은 2차적 자료가 있겠지만, 그 이해의 가장 지름길은 역시 데리다의 저작을 직접 읽는 것이다. 대가의 사상들은 난해한 경우가 많으므로 해설서를 우선 택할 수도 있다. 그리고 그것은 반드시 잘못된 것은 아니다. 하지만 대가의 생각에 접근하는 능률의 측면에서 역시 유리한 것은 그 저술을 직접 읽어보고 이해할 수 있는 만큼 이해하는 것이다. 이것이 소위 해설서를 통한 이해보다는 상당히 더 효율적이라고 단언할 수 있다.

데리다의 저술은 매우 난해하다. 장황한 만연체에다 반복의 연속이고, 논리의 전개는 일목요연하기보다는 산발적이고 수많은 유보와 단편적 사변으로 도무지 앞으로 나아가는 것 같지가 않다. 하지만 바로 그렇기 때문에 수많은 언급과 수사 가운데 이해할 수 있는 몇몇만을 엮어가도 상당한 이해에 도달할 수 있다는 보상은 가능하다. 가을걷이 다음 이삭줍기 식의 읽기라고 해도, 이해할 수 있는 부분만을 모으는 것도 좋은 방법일 수 있다. 데리다의 이론은 매우 산만하고 그 사유 대상이 너무나 광범위한 것 같지만, 가장 중요한 것은 그 사유 방식이고 이러한 사유 방식은 어떤 대상을 분석하든 거의 동일하게 작용한다는 것을 알 수 있다.

우리말로 번역된 데리다의 저작 가운데 가장 접근하기 쉬운 것으로는 『환대에 대하여』가 있다. 분량과 내용의 난해도가 바로 이 책 정도의 것이어서 다음으로 도전해볼 만할 것이다. 그 이후에는 『불량배들』『입장들』『마르크스의 유령들』 등으로 나아갈 수 있을 것이다. 이들은 주로 데리다의 후기 철학을 대변하는 저작들이다. 그 사유 대상이 국제정치 등의 현실 문제들이어서, 그의 사상과 방식이 전기 저작에 비해 상대적으로 쉽게 다가온다. 이들 다음으로, 데리다 철학에 대해 본격적으로 이해하기 위해서는 그의 전기 저작을 읽는 것으로 옮아갈 필요가 있다. 전기 저작은 『그라마톨로지』

로 시작할 수 있을 것이다. 이 책은 전기 저작 가운데서 인류학이나 루소 등 구체적 예를 집중적으로 분석하는 텍스트이면서도 그 의미가 깊고 넓은 저작이다. 이것이 『그라마톨로지』를 데리다의 주저로 드는 사람이 많은 이유이다.

데리다에 대한 입문서와 해설서 그리고 연구서는 데리다에 대한 이해에 있어 매우 중요하다. 실제로 데리다를 읽는데 있어 이들의 존재는 위안이기도 하고 필수이기도 하다. 곧바로 데리다를 알고 데리다를 읽은 경우는 매우 드물 것이다. 그가 미친 영향의 흔적 혹은 그에 대한 반론으로 인해 데리다 혹은 해체라는 것을 접하게 되는 것이 일반적이다. 사실, 해체론의 입장에서는 원전과 해설서 가운데 어떤 것이더 권위를 갖는가에 의문을 제기하는 것일 수 있다. 읽기의순서에 있어 괜한 죄책감과 부담감을 가질 필요는 없다.

간단한 입문서로는 『데리다 읽기』(이성원 엮음)를 권한다. 주로 전기 저작에 집중하고 있지만, 가장 읽기 쉬우면서도 데리다 철학의 의의를 짚어내는 데 성공한 책이라 할 수 있다. 『데리다』(하룻밤의 지식여행 19, 제프 콜린스) 또한 권할 만하다. 이 만화 시리즈 가운데 가장 내용이 충실한 것이 데리다에 대한 것이니 데리다에 관심을 갖는 이에게는 행운이다. 다른 입문서로는 페넬로페 도이처의 『How to Read 데리다』와 니콜러스 로일의 『자크 데리다의 유령들』을 권한다.

데리다와 해체론을 이해하기 위한, 혹은 여기를 출발점으로 다른 철학적 사유로 나아가기 위한 몇 개의 쉽고 좋은 입문서들이 있다. 특히 해체론에 지대한 영양분을 제공한 하이데거와 칸트에 대해서는 『존재와 시간』(e시대의 절대사상 004, 이기상 : 같은 제목의 하이데거의 주저를 설명하고 있는 책)과 『순수이성비판, 이성을 법정에 세우다』(진은영)를 권한다. 다행히 레비나스의 이해를 위해서는 읽기 쉽고 번역 또한 명쾌한 두 권의 저서를 권할 수 있다. 『시간과 타자』와 『윤리와 무한』이 그것이다.

영어로 된 자료로는 〈The Internet Encyclopedia of Philosophy〉(http://www.iep.utm.edu/d/derrida.htm)가 가장 이해할 만하고 짜임새 있는 내용을 담고 있다. 최근에 나온 입문서 겸 연구서 또한 권하고 싶다. 데리다에 대한 초기 소개서와 달리, 그의 생각의 총체를 본 다음 그를 소개하고 있는 책들이어서 이해도에 있어 분명 상당히 진보한 경우들이다. 특히 『Jacques Derrida: A Biography』(Jason Powell, 2006)와 『A Derrida Dictionary』(Niall Lucy, 2004)를 추천한다.

이 소개서는 데리다의 저작에 대한 내 이해와 더불어 앞서 언급한 2차 자료들에 기대고 있음을 밝힌다. 이것 역시 글과 책의 기원이 다른 글과 다른 책에 있다는 것을 예증하는 사례이다.

프랑스엔 〈크세주〉, 일본엔 〈이와나미 문고〉,
한국에는 〈살림지식총서〉가 있습니다.

📖 전자책 | 🔍 큰글자 | 🔊 오디오북

해체론

펴낸날	초판 1쇄 2008년 10월 1일
	초판 2쇄 2011년 8월 25일
	개정판 1쇄 2013년 6월 17일
	개정판 2쇄 2021년 12월 31일

지은이	조규형
펴낸이	심만수
펴낸곳	(주)살림출판사
출판등록	1989년 11월 1일 제9-210호

주소	경기도 파주시 광인사길 30
전화	031-955-1350 팩스 031-624-1356
홈페이지	http://www.sallimbooks.com
이메일	book@sallimbooks.com

ISBN	978-89-522-1013-5 04080
	978-89-522-0096-9 04080(세트)

026 미셸 푸코 `eBook`

양운덕(고려대 철학연구소 연구교수)

더 이상 우리에게 낯설지 않지만, 그렇다고 손쉽게 다가가기엔 부담스러운 푸코라는 철학자를 '권력'이라는 열쇠를 가지고 우리에게 열어 보여 주는 책. 권력은 어떻게 작용하는가에서 논의를 시작하여 관계망 속에서의 권력과 창조적·생산적·긍정적인 힘으로서의 권력을 이야기해 준다.

027 포스트모더니즘에 대한 성찰 `eBook`

신승환(가톨릭대 철학과 교수)

포스트모더니즘의 역사와 논의를 차분히 성찰하고, 더 나아가 서구의 근대를 수용하고 변용시킨 우리의 탈근대가 어떠한 맥락에서 이해되는지를 밝힌 책. 저자는 오늘날 포스트모더니즘으로 대변되는 탈근대적 문화와 철학운동은 보편주의와 중심주의, 전체주의와 이성 중심주의에 대한 거부이며, 지금은 이 유행성의 뿌리를 성찰해 볼 때라고 주장한다.

202 프로이트와 종교 `eBook`

권수영(연세대 기독상담센터 소장)

프로이트는 20세기를 대표할 만한 사상가이지만, 여전히 적지 않은 논란과 의심의 눈초리를 받고 있다. 게다가 신에 대한 믿음을 빼앗아버렸다며 종교인들은 프로이트를 용서하지 않을 기세이다. 기독교 신학자인 저자는 이 책을 통해 종교인들에게 프로이트가 여전히 유효하며, 그를 통하여 신앙이 더 건강해질 수 있다는 점을 보여 주려 한다.

427 시대의 지성 노암 촘스키 `eBook`

임기대(배재대 연구교수)

저자는 노암 촘스키를 평가함에 있어 언어학자와 진보 지식인 중 어느 한 쪽의 면모만을 따로 떼어 이야기하는 것은 불합리하다고 말한다. 이 책에서는 촘스키의 가장 핵심적인 언어이론과 그의 정치비평 중 주목할 만한 대목들이 함께 논의된다. 저자는 촘스키 이론과 사상의 본질에 다가가기 위한 이러한 시도가 나아가 서구 사상을 받아들이는 우리의 자세와도 연결된다고 믿고 있다.

024 이 땅에서 우리말로 철학하기

이기상(한국외대 철학과 교수)

우리말을 가지고 우리의 사유를 펼치고 있는 이기상 교수의 새로운 사유 제안서. 일상과 학문, 실천과 이론이 분리되어 있는 '궁핍의 시대'에 사는 우리에게 생활세계를 서양학문의 식민지화로부터 해방시키고, 서양이론의 중독으로부터 벗어나야 한다고 역설한다. 저자는 인간 중심에서 생명 중심으로의 변환과 관계론적인 세계관을 담고 있는 '사이 존재'를 제안한다.

025 중세는 정말 암흑기였나   `eBook`

이경재(백석대 기독교철학과 교수)

중세에 대한 친절한 입문서. 신과 인간에 대한 중세인의 의식을 다루고 있는 이 책은 어떻게 중세가 암흑시대라는 일반적인 인식을 가지게 되었는지에 대한 물음을 추적한다. 중세는 비합리적인 세계인가, 중세인의 신앙과 이성은 어떠한 관계를 갖고 있는가 등에 대한 논의를 하고 있다.

065 중국적 사유의 원형   `eBook`

박정근(한국외대 철학과 교수)

중국 사상의 두 뿌리인 『주역』과 『중용』을 철학적 관점에서 접근한다. '산다는 것은 무엇인가?'라는 근원적 질문으로부터 자생한 큰 흐름이 유가와 도가인데, 이 두 사유의 흐름을 거슬러 올라가다 보면 그 둘이 하나로 합쳐지는 원류를 만나게 된다. 저자는 『주역』과 『중용』에 담겨 있는 지혜야말로 중국인의 사유세계를 지배하는 원류라고 말한다.

076 피에르 부르디외와 한국사회   `eBook`

홍성민(동아대 정치외교학과 교수)

부르디외의 삶과 저작들을 통해 그의 사상을 쉽게 소개해 주고 이를 통해 한국사회의 변화를 호소하는 책. 저자는 부르디외가 인간의 행동이 엄격한 합리성과 계산을 근거로 행해지기보다는 일정한 기억과 습관, 그리고 사회적 전통에 영향을 받는다는 사실로부터 시작한다는 점을 강조한다.

096 철학으로 보는 문화 `eBook`

신응철(숭실대 인문과학연구소 연구교수)

문화와 문화철학 연구에 관심 있는 사람을 위한 길라잡이로 구상된 책. 비교적 최근에 분과학문으로 등장하기 시작한 문화철학의 논의에 반드시 들어가야 할 요소를 선택하여 제시하고, 그 핵심 내용을 제공한다. 칸트, 카시러, 반 퍼슨, 에드워드 홀, 에드워드 사이드, 새무얼 헌팅턴, 수전 손택 등의 철학자들의 문화론이 소개된다.

097 장 폴 사르트르 `eBook`

변광배(프랑스인문학연구모임 '시지프' 대표)

'타자'는 현대 사상에 있어 가장 중요한 개념 중 하나이다. 근대가 '자아'에 주목했다면 현대, 즉 탈근대는 '자아'의 소멸 혹은 자아의 허구성을 발견함으로써 오히려 '타자'에 관심을 갖게 되었다. 그리고 타자이론의 중심에는 사르트르가 있다. 사르트르의 시선과 타자론을 중점적으로 소개한 책.

135 주역과 운명 `eBook`

심의용(숭실대 강사)

주역에 대한 해설을 통해 사람들의 우환과 근심, 삶과 운명에 대한 우리의 자세를 말해 주는 책. 저자는 난해한 철학적 분석이나 독해의 문제로 우리를 데리고 가는 것이 아니라 공자, 백이, 안연, 자로, 한신 등 중국의 여러 사상가들의 사례를 통해 우리네 삶을 반추하는 방식을 취한다.

450 희망이 된 인문학 `eBook`

김호연(한양대 기초 · 융합교육원 교수)

삶 속에서 배우는 앎이야말로 인간의 운명을 바꿀 수 있는 기회를 준다. 그래서 삶이 곧 앎이고, 앎이 곧 삶이 되는 공부를 하는 것이 무엇보다 중요하다. 저자는 인문학이야말로 앎과 삶이 결합된 공부를 도울 수 있고, 모든 이들이 이 공부를 할 수 있어야 한다고 믿는다. 특히 '관계와 소통'에 초점을 맞춘 인문학의 실용적 가치, '인문학교'를 통한 실제 실천사례가 눈길을 끈다.

eBook 표시가 되어있는 도서는 전자책으로 구매가 가능합니다.

(주)살림출판사
www.sallimbooks.com
주소 경기도 파주시 문발동 522-1 | 전화 031-955-1350 | 팩스 031-955-1355